내 인생에
비전이 보인다

내 인생에 비전이 보인다
I See the Vision in My Life

2007. 8. 30. 초판 발행
2018. 5. 14. 3쇄 발행

지은이 양형주
펴낸이 정애주
국효숙 김기민 김의연 김준표 김진원 박세정
송승호 오민택 오형탁 윤진숙 임승철 임진아
정성혜 차길환 최선경 한미영 허은
펴낸곳 주식회사 홍성사
등록번호 제1-499호 1977. 8. 1.
주소 (04084) 서울시 마포구 양화진4길 3
전화 02) 333-5161
팩스 02) 333-5165
홈페이지 hongsungsa.com
이메일 hsbooks@hsbooks.com
페이스북 facebook.com/hongsungsa
양화진책방 02) 333-5163

ⓒ 양형주, 2007

• 잘못된 책은 바꿔 드립니다.
• 책값은 뒤표지에 있습니다.

ISBN 978-89-365-0758-9 (03230)

비전이 보인다

왜곡된 비전 공식 깨기

양형주 지음

홍성사.

차 례 CONTENTS

청년부 수련회 특강 시간이었다. 특강 주제는 '비전'이었다. 주제를 비전으로 정한 이유는 청년들의 강력한 요청에 따른 것이었다. 교회 안의 많은 청년이 자신의 비전으로 고민하고 있었고, 무엇인가 뚜렷한 이정표를 제시해 줄 수 있는 강의를 듣고 싶어 했다. 그 당시 비전에 대해 지명도 있는 분이 강사로 선정되었다. 청년들은 설레는 마음으로 강의를 경청했다. 분위기는 진지했고, 집회 장소는 뜨거운 열기로 가득했다. 강사는 '비전'에 대해 열정적으로 강의했다. 그러나 강의가 끝났을 때, 청년들은 오히려 혼란스러워했다. 강사가 말한 비전이 너무나 원대해서 이미 직장을 잡고 사회생활을 시작한 청년들에게 오히려 좌절감을 가져다주었기 때문이다. 더구나 강의 내용에는 하나님의 특별한 간섭과 인도하심이 들어설 여지가 없었다. 청년들은 그동안 살아온 소극적 방식과 목표를 담대히(?) 버리고 원대한 꿈과 야망을 품도록만 도전받았다. 그렇게 그날 저녁 진행된 '비전' 강의는 상대적으로 청년들의 무능함을 탓하는 것 같았다. 또 그동안 청년들이 잘못 살아왔다고 질책하는 듯했다. 제대로 된 비전이 없기에 지금 고민하고 있는 것이며 이러다 인생을 실패하리라는 위기감을 청년들에게 안겨디 주었던 것이다.

과연 강의를 들은 청년들이 그동안 잘못 살아온 것일까? 여기저기서 말 없는 자책의 소리가 들려왔다. 특강 강사가 떠나자, 그 앞에서는 아무 말도 못하던 청년들이 손을 들고 담당 교역자인 나에게 솔직한 질문을 던지기 시작했다. 사실 나도 그때까지 비전에 대해 분명한 생각을 갖고 있지 못했다. 경영학과 리더십 분야에서 말하는 일반적 개념의 비전에 대해서만 여기저기서 읽고 들었을 뿐, 나는 성경이 비전에 대해 무엇이라 말하는지 제대로 알지 못했다. 그러나 그날 저녁 청년들의 질문과 강사의 발언을 놓고 진지하게 고민하면서, 그동안 청년들과 내가 막연히 생각해 오던 '비전'에 무엇인가 문제가 있다는 사실을 깨달았다.

사실 비전에 대해 무엇인가 석연치 않게 느낀 것은 그때가 처음이 아니었다. 신학대학원 시절, 채플 시간에 어떤 목사님이 비전에 대해 말씀하시는 것을 들을 기회가 있었다.

"비전이 중요합니다. 비전이 없으면 망합니다. 그러니 비전을 품으십시오. 비전은 하나님에게서 오며 비전은 하나님입니다. 따라서 하나님이 주시는 위대한 비전을 품으십시오."

이 말씀을 들은 많은 동료가 고개를 끄덕이며 동의했다. 그러나 그때

나는 제대로 동의할 수 없었다. 그분의 비전에 대한 말씀이 확실한 것 같으면서도 무엇인가 이상했다. 나는 논리적으로도 수긍이 가지 않았다. 비전이 하나님에게서 온다고 하면서 어떻게 비전이 또한 하나님이라고 할 수 있는가? 한동안 비전에 대한 의문이 내 마음속에서 꼬리에 꼬리를 물고 일어났다. 그러나 잠시 진지하게 생각하던 비전에 대한 문제는 얼마 지나지 않아 바쁜 생활 속에 잊혀 갔다.

청년부 수련회에서 진행된 비전에 대한 특강 시간 후, 나는 그동안 잊어버리고 있던 비전에 대한 의문을 떠올리며 도대체 무엇이 문제인지 다시 고민하기 시작했다. 당시 많은 청년이 당황한 이유는, 강의 내용과 청년들의 삶 사이에 괴리감이 있었기 때문이다. 청년들은 머릿속으로는 위대한 비전을 품으라는 도전적인 강의를 이해할 수 있었지만, 자신의 삶 속에서는 그것을 제대로 적용할 수 없었던 것이다. 그동안 청년사역을 하면서 여러 청년의 비전에 대한 고민을 들어 왔고, 또 청년들에게 '비전'에 대해 말할 기회도 있었다. 그러나 나는 비전에 대해 분명한 성경적 관점을 갖고 청년들에게 확신 있게 말하지 못했다. 비전에 대해 배울 기회를 제대로 갖지 못해서이기도 했지만, 무엇보다 내 삶이 흔히 말하는 비전의 방식에 제대로 동의되지 않았기 때문이다. 그동안 살아온 시간을 돌아보면 무엇인가 탁월한 비전을 세워 그대로 일을 이루고 성취한 경험은 그다지 많지 않았다. 오히려 예기치 않은 하나님의 섭리와 인도하심이 내 삶의 방향을 갑작스럽게 바꾼 경우가 더 많았다.

'비전'은 과연 성경적인가? 그렇다면 청년들이 비전에 대해 부담감과 중압감으로 괴로워하는 이유는 무엇인가? 또 청년들이 비전으로 인해 삶의 괴리감을 느끼는 이유는 무엇인가? 그래서 나는 성경에 '비전'이라는 단어가 어떻게 사용되는지 찾아보기로 했다.

우선 '비전'이 성경 전체에 몇 번이나 사용되는지 조사했다. 그런데 결과는 예상 밖이었다. 한글 성경에는 '비전'이 한 번도 등장하지 않았다. 이번에는 영어 성경—NIV, NRSV 등—을 찾아보았다. 다행히 영어 성경에는 '비전'이 등장했다. 그러나 그 의미를 깊이 있게 탐구해 들어갔을 때, 성경이 말하는 비전과 오늘날 우리가 말하는 비전의 의미는 다르게 나타났다. 예전에 내가 직감적으로 무엇인가 문제가 있다고 생각한 것이 맞아 들어간 것이다. 또한 성경은 오늘날 비전과 거의 동일하게 사용되는 다양한 다른 용어, 즉 '소원', '꿈', '부르심' 등을 언급하고 있었다. 나는 발견한 여러 용어에 대한 의미를 파고들었다. '이러한 용어들은 각각 어떤 특징을 갖고 있는가? 그 용어들과 비전은 어떻게 다르며 어떻게 연관되는가?' 이처럼 비전에 대한 다양한 측면을 숙고하면서 비전에 관한 주제에는, 그동안 내가 생각한 것보다 훨씬 다양하고 깊은 차원들이 있음을 깨닫게 되었다.

많은 청년들이 비전에 대해 고민한다. 그리고 그들은 비전을 달라고 하나님께 기도한다. 기도하는 이들은 청년만이 아니다. 결혼해서 가정을 이룬 장년들도 비전에 대해 여전히 해결하지 못한 고민을 갖고 있다. 그러나 그들의 현실에는 명확한 응답이 없다. 그동안 그들은 비전을 품으라는 말만을 들었을 뿐이다. 그들은 비전이 무엇인지, 성경적으로 어떻게 비전을 추구해야 하는지에 대한 구체적이고 진지한 고민도 없었고 안내도 받지 못했다. 그렇다면 비전에 대한 응답이 없는 것은 믿음의 부족 때문일까, 아니면 기도의 양이 아직 차지 않았기 때문일까? 잘 모르겠다면 좀더 근본적인 차원에서 질문을 던져 보자. 만약 많은 성도가 비전으로 고민한다면 그렇게 비전으로 고민하는 이들에게 문제가 있는 것일까, 아니면 이들이 갖고 있는 비전에 대한 불분명한 개념이 문제일까? 우리는 비전을 원하지만 하나님은 우리에게 예상치 못한 방식으로 무엇인가 다른 것을 주기 원하시는 것은 아닐까?

분명 비전은, 오늘날 일반 리더십과 경영학에서 말하는 개념과 혼돈되는 부분이 있다. 따라서 막연히 비전을 외칠 것이 아니라 성경적 비전에 대한 좀더 근본적이고 진지한 질문과 고민이 필요하다.

이 책은 4부에 걸쳐 이러한 질문에 대한 답변을 시도하고 있다. 먼저 1부는 비전이 무엇인지, 비전이란 개념을 형성하는 요소는 무엇인지, 우리가 왜 이토록 비전에 집착하는지 등, 비전에 대한 우리의 오해와 포괄적인 개념을 살펴본다. 2부에서는 비전에 대한 성경적 의미를 탐구해 들어간다. 이를 위해 신·구약 성경에 나오는 '비전'을 하나하나 살펴보고, 이것이 어떤 의미로 사용되는지 알아보려 한다. 또 비전과 비슷한 용어로 통용되는 '소원'은 무엇인지, 소원과 비전의 관계는 무엇인지에 대해 다가서려 한다. 3부에서는 종종 비전과 혼동해서 사용되는 '부르심', 즉 '소명'이란 무엇인지 살펴본다. 또한 부르심 배후에 전제되는 문화적 사고방식을 살펴보고, 비전 배후에 있는 문화적 사고방식과의 차이는 무엇인지 다룬다. 3부 끝 부분에서는 꿈에 대해 알아볼 것인데, 여기서 '꿈'은 성경이 말하는 꿈이며 하나님의 불가해한 주권이 신비롭게 드러나는 인도 방식을 일컫는다. 더 나아가 4부에서는 우리 자신의 인생을 향한 하나님의 계획을 어떻게 발견할 수 있는지에 대해 구체적인 방법을 살펴본다. 어떻게 현재를 준비하고, 어떻게 하나님의 음성을 분별하며, 어떻게 비전과 소명을 조화시킬 수 있는지 등에 대해 알아볼 것이다.

이 책은 동안교회에서 개최했던 '비전 스쿨'에서 나눈 내용을 기초로 하고 있다. 이때 많은 청년이 참여해 다양한 반응을 보여 주었고, 이들의 호응에 힘입어 용기를 내어 비전에 관한 생각을 Young 2080에서 발행하는 〈큐티진〉(QTzine)에 6개월간 연재하는 특권을 가질 수 있었다. 이런 기회를 갖도록 배려해 주신 동안교회와 〈큐티진〉에 감사한다. 특별히 이 책에 들어 있는 비전에 대한 진지한 고민은, 그동안 나의 손을 한 번도 놓지 않고 이끌어 온 신실하고 신비로운 하나님의 인도하심이 있기에 가능했다. 그분의 인도하심을 배우는 일은 참 가슴 벅찬 일이다. 하나님은 그동안 참으로 신실하게 당신의 인도하심이 무엇인지, 당신을 향해 소원을 품는다는 것이 무엇인지, 당신의 부르심을 어떻게 분별하며 삶 가운데 어떻게 구체적으로 구현해 나가야 하는지 가르쳐 주셨다. 하나님께 모든 감사와 영광을 돌린다. 하나님의 인도하심을 깨닫고 분별하고 순종하도록 도움을 준 일생의 소중한 멘토께도 깊은 감사를 드린다.

먼저는 나의 부친인 양희철 목사님이다. 이 책의 근간에 있는 영적 사고와 정서의 기초는 어렸을 때부터 보아 온 아버지의 영적 감화력에 큰 빚을 지고 있다. 그리고 늘 하나님 말씀에 대한 열정과 사랑으로 부족한 사위에게 깊은 영적 감화력과 도전, 사랑을 주시는 문상득 목사님께도 깊은 감사를 드린다. 또한 청년사역의 새로운 지평을 열어 주시고 기꺼이 훌륭한 추천사를 써 주신 고직한 선교사님께도 감사드린다.

아무쪼록 이 책이 우리 각자가 하나님 앞에서 부여받은 고유한 부르심을 발견하는 데 도움이 되길 바란다. 또 비전에 대해 고민하고 있는 다른 지체(肢體)를 격려하며 세우는 데에도 따뜻한 손길을 미칠 수 있다면 더 이상 바람이 없겠다.

독특한 나, 평범한 비전

1 | 신기루 같은 비전

1798년 나폴레옹은 3만 명이 넘는 군사를 이끌고 이집트 원정에 나섰다. 그는 이집트와 싸우기 위해 사막을 지나가야 했다. 사막의 뜨거운 땡볕 아래 군사들은 갈증으로 괴로워했다. 그들은 한 모금의 물도 그리웠다. 아무리 세계 최강의 나폴레옹 군대라 하더라도 물이 떨어지자 군사들은 허덕이기 시작했다. 그러나 사막에서 물을 찾는다는 것은 쉬운 일이 아니었다.

바로 그때, 군사들 앞에 갑자기 물이 나타났다. 멀리 떨어진 곳에서 수면이 햇빛을 받아 반짝이고 있었다. 물! 군사들은 물을 향해 전력으로 질주했다. 그러나 그들이 물이 있다고 생각한 곳에 도착해 보니 그곳은 사막이었고, 방금 전 본 물은 오히려 저 멀리 도망가 있었다. 군사들은 다시 물을 향해 쫓아갔다. 그러나 아무리 다가가도 물은 금세 달아나 버려 여전히 멀리서 반짝였다. 심지어 군사들의 눈에는 야자나무가 거꾸로 보이기까지 했다. 군사들은 그것이 하나님의 심판이라고 생각했다. 그들은 무릎을 꿇고 기도했다.

“주여, 우리를 최후의 심판에서 구해 주옵소서.”

훗날, 이것은 ‘신기루’ 현상으로 밝혀졌다. 신기루란 밀도가 서로 다른 공기층에서 빛이 굴절됨으로써 멀리 있는 물체가 거짓으로 보이는 현상이다. 우리는 무더운 여름에 아스팔트 도로 위를 달리다 보면 저 멀리 물이 있는 것처럼 보이지만, 막상 가까이 가면 사라져 버리는 것을 종종 경험한다. 그것이 신기루다.

'비전'이란 신기루와 같다. 비전은 신앙생활에서 간과할 수 없는 중요한 요소로 취급되지만, 막상 붙잡으려 하면 어느새 저만큼 멀리 도망가 있다. 특히 최근 들어 '비전'은 그 어느 때보다 많은 관심을 받고 있는 주제다. 비전에 대한 많은 자료와 글이 쏟아져 나오고 있다. 해마다 여름과 겨울이면 전국 각지에서 '청년이여, 비저너리(visionary)가 되라', '비전을 품는 청년', '비전으로 날아오르는 젊은이', '비전 캠프' 등 '비전'이란 주제를 갖고 수많은 집회와 세미나가 열린다. 우리나라 청소년 집회와 청년 집회는 그야말로 비전 열풍에 휩싸여 있다. 당분간 '비전'이란 화두는 청소년과 청년사역에서 사그라지지 않을 듯하다.

비전은 청소년들과 청년들에게 친숙함을 넘어 신앙생활에서 하나의 필수적인 부분이 되어 가고 있다. 수많은 집회, 세미나와 구호 등은 청소년들과 청년들에게 비전을 품으라고 도전한다. '비전을 품어라', '비전이 없으면 망한다', '비전을 품어야 하나님에게 쓰임 받을 수 있다'와 같은 구호를 듣고 있노라면, 비전은 확실하게 붙잡을 수 있는 '무엇'처럼 보인다. 그러나 막상 비전을 붙잡아 보려고 하면, 어느새 그것은 사라지거나 멀리 도망가 있다. 여기에 많은 청년의 고민이 있다. 여기저기서 비전에 대해 수없이 도전하기에 비전을 확실히 붙잡고 싶은데 하나님은 아직 응답하지 않으시는 것 같고, 그렇다고 현재 자신의 삶에 뚜렷이 붙잡을 만한 것도 없기에 더욱 혼란스럽다. 이럴 때 자신에게 무슨 문제가 있다고 생각하기 쉽다. 그러나 뚜렷하게 지적할 만한 문제점도 보이지 않는다. 비전에는 분명 수많은 사람이 구호를 외치는 것에 비해 구호만으로는 쉽게 해결될 수 없는 부분이 있다.

어느 한 교회의 청년부에서 청년 리더들의 기도 제목을 조사한 적이 있다. 청년부 리더라면 어느 정도 헌신되어 있고, 신앙의 성숙도와 헌신에 있어 일반 회원보다 열심인 지체들이다. 이러한 청년 리더들의 가장 많은 기도 제목이 무엇이었을까? 그것은 바로 '비전'에 관한 것이었다. 이들 대부분은 '비전'에 대해 여러 번 이야기를 들어서 그 중요성을 자각하고 있는 상태였다. 그들은 비전을 품으리라는 결심도 한 터였다. 그러나 막상 자신의 비전을 찾는 데는 어려움을 느끼고 있었다. 자신의 비전이 무엇인지, 만약에 비전을 찾는다면 어떻게 찾아야 하는지, 정말 지금 자신이 바라는 것이 하나님이 주신 비전이 맞는지 혼란스러워했다. 비전을 달라고 열심히 기도했지만 하나님이 비전을 주지 않으시는 것 같았다. 그래서 그들은 확신이 없었고 너무나 답답해했다.

그동안 사역을 하며 만난 여러 청년과의 대화 가운데서도 동일한 고민을 발견할 수 있었다. 생각 외로 많은 청년이 자신의 비전이 무엇인지, 비전을 찾으려면 어떻게 찾아야 하는지 고민하고 있었다. 어느 한 청년의 진솔한 고백을 들어 보자.

청년이여, 비저너리(visionary)가 되라?

고등학교 3학년 수련회 때, 한참 비전 붐이 일어날 무렵이었는데 저도 빨리 확실한 비전을 찾아야 한다는 강박관념이 있었습니다. 그때쯤 목사님들로부터 들은 이야기가 거의 협박 수준이었기에……. 요는 하나님이 인정하시는 비전이 아닌 것에 자기의 젊음을 쏟으면 아무것도 얻지 못하고 세월 허송만 하며, 하나님이 원하시는 방향으로 꺾지 않으면 스스로가 많은 시련을 당한다는 이야기였습니다. 그래서 저는 확실한 비전을 당장 찾길 원했습니다.

이 청년은 확실한 비전을 가능한 한 빨리 붙잡아야 한다는 강박관념으로 많이 힘들어했다. 당장 비전을 붙잡지 않으면 신앙생활을 제대로 하지 못한다고 느낄 정도였다. 그러나 시간이 지나도 비전에 대한 문제는 명쾌하게 해결되지 않았다. 이것이 이 청년을 더욱 힘들게 했다. 비전은 마치 신기루처럼 당장 청년의 눈앞에 나타나 잡을 수 있을 것처럼 보였지만, 막상 잡으려 하면 이내 달아나고 말았다.

젊을 때 혼란스러웠던 비전에 대한 문제는 시간이 지난다고 자연스럽게 해결되지 않는다. 오히려 비전에 대한 문제를 제대로 이해하지 못하면, 세월이 지날수록 자신의 삶에 혼동을 초래할 수 있다. 40대의 한 성도는 비전에 관한 혼란스러움을 다음과 같이 고백했다.

'비전'이란 말만 들어도 가슴이 벅차오르던 시절이 있었습니다.

……당시 많은 선교사님들의 선교 보고회에 참석하면서 장차 무슬림 선교사로서의 비전을 품게 되었습니다. '무슬림'이란 말만 들어도 가슴이 벅차오르고 당장이라도 그곳을 향해 달려갈 것만 같았습니다. 히지만 현실은 그렇지 않았습니다. 대학 졸업을 앞두고 장래에 대한 방향을 잡지 못해 갈팡질팡했습니다. 그러다 구직을 하게 되면서 캠퍼스 시절 제가 품었던 비전은 산산이 부서져 버렸습니다.

직장생활에 매여 꼼짝도 할 수 없는 저와는 달리 선교훈련을 받으며 비전을 이뤄 가는 동역자들을 볼 때 시기심이 들고 비참하기까지 했습니다. 저는 스스로를 비전을 끝까지 품지 못한, 비전을 이루지 못한 실패자요, 인생의 낙오자처럼 생각했습니다. 무의미해 보이는 직장생활을 언제까지 해야 하는지 다시 고민하기 시작했습니다.

결국 1년 후 직장을 그만두고 선교훈련에 합류했습니다. 하지만 선교훈련은 제가 생각한 것과는 많이 달랐습니다. 실질적인 물질 자립훈련과 신앙훈련, 공동체 생활 등을 2-3년 계속 받다 보니 어떨 때는 지긋지긋하기까지 했습니다. 주위 동기 자매들의 결혼 소식이 들려오고, 그들의 안정된 삶이 부러워지기 시작했습니다. 저는 다시 깊은 고민에 빠졌습니다. '하나님이 내게 주신 비전이라고 생각하며 지금까지 왔는데 이런 생각은 무엇인가? 이런 고민이 왜 생겨나는 것일까?' 저는 몹시 혼란스러웠습니다.

그에 대한 어떤 해답도 얻지 못한 채 하나님의 은혜로 믿음의 형제와 결혼을 했습니다. 자녀의 수가 늘어나면서 저는 더욱 현실적으로 변했습니다. ……하나님을 인격적으로 영접한 이후 제 삶은 온통 비전을 좇는 삶이었다고 생각됩니다. 하지만 한 번도 하나님이 주신 비전이라고 확신한 적은 없었습니다. 캠퍼스 시절, 직장 학사 시절, 선교훈련 기간, 결혼생활 모두 분명한 비전 가운데 보낸 것은 아니었다고 생각됩니다. 매순간 저는 고민하고 갈등하였으며 혼란스러웠습니다.

이처럼 비전에 대한 고민은 시간이 지난다고 자연스럽게 해결되는 것이 아니다. 오히려 더 많은 혼란을 초래할 수도 있다. 여기서 비전은 단지 젊은이들만의 전유물이 아니라 전 세대로 확대되는 진지한 주제임을 알 수 있다. 많은 젊은이가 '비전'에 흥분하고 열광하지만, 또 많은 이들이 '비전'으로 갈등하고 좌절하기도 한다. 그리고 이러한 갈등과 혼란을 젊은 시절을 넘어 계속해서 간직하기도 한다.

신학생도 비전으로 인해 혼란스러워한다. 흔히 생각하기를 신학생만큼은 비전에 대해 별다른 고민이 없으리라고 생각한다. 왜냐하면 신학생은 주님께 확실한 비전을 받고 자신의 일생을 그 비전에 투신하기로 결심한 사람이라고 생각하기 때문이다. 그러나 나는 신학교에 와서 자신의 진로를 놓고 고민하는 신학생을 의외로 많이 보았다. 이는 점점 많아지는 신학생 수에 비해 제한된 사역지로 인해 사역의 기회가 충분히 주어지지 못하는 것에도 상당한 이유가 있다. 또 어떤 신학생은 자신이 가진 재능과 성품이 사역의 길에 적당하지 않음을 발견하고 고민하기도 한다. 그러나 더 근본적인 이유는 신학생조차도 종종 자신이 가야 할 진로에 대한 명확한 그림이 없기 때문이다.

신학대학원 졸업반이 되면 많은 학생이 자신의 비전이 명확하지 않아 앞으로 어떤 길을 선택할지 고민한다. 전임사역을 할지, 공부를 더 할지, 사역을 한다면 어느 지역에서 사역을 할지 등으로 고민하는 것이다. 때로는 자신이 가졌던 결심과 비전을 혼돈해 신학공부를 중도에서 멈추는 경우도 있다. 이처럼 대다수 그리스도인이 비전을 붙잡으려 하지만, 비전은 쉽게 잡히지 않는다.

2 | 비전이란 무엇인가

비전이란 무엇인가? 간단하게 정의하자면 비전은 말 그대로 보는 것, 즉 시각에 관한 것이다. 일반적으로 널리 회자되는 개념으로서의 비전을 정의하자면 '보통의 관점과는 다르게 보는 안목'이다. 다시 말해 '눈에 보이지 않는 것을 볼 수 있는 통찰력'[1]을 의미한다. 또 비전은 '리더가 조직이나 그룹을 이끌기 위해 바라보는 분명한 그림'[2]으로 정의할 수도 있다. 한편 리더십 전문가 스티븐 코비는 비전을 가리켜 '지성의 눈으로 미래를 보는 것(상상력)'[3]이라고 정의한다. 즉, 비전은 지성과 상상력이 결합될 때 하나의 선명한 그림으로 창출된다. 이러한 정의를 종합하면, 비전이란 보는 것과 관련해 한 개인 혹은 집단이 추구하는 목표 혹은 과업에 대한 통찰력 있는 분명한 그림이라고 할 수 있다.

비전에 대해 언급하는 많은 리더십과 경영 서적이 이러한 정의를 전제로 두고 비전에 대해 기술하고 있다. 또한 비전에 대해 언급하는 여러 신앙 서적에서도 이러한 정의를 바탕으로 하고 있다. 이러한 비전의 정

---

1) 뉴에이스 영한사전 제2판 CD-Rom(서울: 금성출판사, 1990).
2) J. Haggai, *Lead on*(Waco: Word Books, 1986), 12쪽.
3) 스티븐 코비 저, 김경섭 역, 《성공하는 사람들의 8번째 습관》(서울: 김영사, 2005), 109쪽.

의들이 갖는 공통점은, 비전은 시각적 요소를 포함한다는 것이다. 비전은 지금 당장은 보이지 않지만 현재 갖고 있는 가능성, 지식, 통찰력, 그리고 여기에 강렬한 기대를 투영해 선명하게 보이는 미래의 바람직한 그림을 그려 낸다.

여기서 의문이 일어난다. 하나님은 과연 우리에게 비전을 주기 원하시는가? 만약 그렇다면 왜 우리는 비전을 찾는 데 어려움을 느끼는가?

3 | 비전을 가리시는 하나님

시선을 가리는 **하나님**의 **인도**

어떤 신학생이 자매를 소개받아 만나기 위해 커피숍에 갔다. 그 자매는 비전을 강조하는 교회에서 신앙생활을 하고 있었다. 그 둘은 다소 어색했지만 서로를 소개하고 이야기를 풀어 가고 있었다. 이야기를 시작한 지 얼마 지나지 않아 자매가 대뜸 형제에게 물었다.

"전도사님은 비전이 뭐죠?"

이 질문에 신학생은 당황했다. 그동안 한 번도 '너의 비전이 뭐냐?'라는 식의 질문을 받아 보지 않았기 때문이다. 오히려 이 신학생의 신앙고백은 어떤 찬양의 가사와 같이 "내일 일은 난 몰라요, 하루하루 살아요"였다. 즉 '나의 갈 길은 모르오니, 주님 나를 인도하소서. 주 뜻대로 순종하며 가오리다'였다. 그래서 그는 대답했다.

"글쎄요……."

그러자 자매의 반응이 싸늘해졌다. 부르심을 받았다고 하는 신학생이 비전에 대한 확신이 없으니 별로 대단해 보이지 않는다는 표정이었다. 결국 이 자매는 형제를 '퇴짜' 놓고 말았다.

우리는 어떤 사람이 이러저러한 비전이 있다고 하면 그 사람은 자신의 삶의 방향을 제대로 붙잡고 나가는 전도유망하고 가능성 있는 사람으로 종종 생각한다. 그와는 반대로 아직 자신의 비전이 뭔지 모르겠다고 말하는 사람은 다소 부족하고 모자라는 사람으로 생각할 때가 많다. 그러나 과연 그럴까? 이것에 관해 한번 진지하게 생각해 보자.

하나님은 정말 그의 자녀에게 비전을 주기 원하시는가? 성경을 자세히 살펴보면, 하나님이 인도하시는 방식은 그동안 우리가 알고 있던 것과 판이하게 다름을 발견할 수 있다. 우리는 보통 비전을 기대할 때, 장차 나아갈 방향과 구체적인 청사진이 뚜렷하게 나와 있는 그림을 품는다. 그러나 성경은 이와는 전혀 다른 방식을 제시한다. 그리고 우리는 이 사실 앞에 당황한다. 창세기 12장 1절을 보면 하나님이 우리의 인생을 이끄시는 신비롭고도 역설적인 방식이 소개되고 있다.

> 여호와께서 아브람에게 이르시되 너는 너의 본토 친척 아비 집을 떠나 내가 네게 **지시할 땅**으로 가라

여기서 하나님은 아브라함에게 새로운 비전을 주신다. 그런데 놀라운 사실이 있다. 비전이 보이지 않는다는 사실이다! 하나님은 아브라함에게 분명 축복의 땅을 약속하신다. 그러나 그 땅은 보이는 땅이 아니다. 왜냐하면 그 땅은 하나님이 '지시할 땅'(the land that I will show you-NRSV, NIV)이기 때문이다. 하나님이 이미 보여 주고 지시하신 땅이 아니다. 하

나님이 앞으로 보여 주실 땅이다. 따라서 그 땅은 지금 명확하게 볼 수 없다. 그러나 그 땅을 얻으려면, 분명한 청사진이 없어도 지금 떠나야 한다. 히브리서 11장 8절을 보면 아브라함의 출발을 다음과 같이 말씀하고 있다.

> 믿음으로 아브라함은 부르심을 받았을 때에 순종하여 장래 기업으로 받을 땅에 나갈새 **갈 바를 알지 못하고** 나갔으며

여기에 많은 성도가 겪는 당혹감이 있다. 그것은 '갈 바를 알지 못하고 나갔다는 것' 때문이다. 하나님은 지금 여기서 나를 부르시지만, 나에게는 분명한 비전이 보이지 않는다. 다만 분명한 점은 지금 출발해야 한다는 것이다. 그리고 나아가되 '갈 바를 알지 못하고' 가야 한다. 이것이 하나님이 우리의 인생 가운데 행하시는 신비롭고도 역설적인 방식이다. 이를 전도서 7장 14절에서는 다음과 같이 말씀하고 있다.

> 형통한 날에는 기뻐하고 곤고한 날에는 생각하라 하나님이 이 두 가지를 병행하게 하사 **사람으로 그 장래 일을 능히 헤아려 알지 못하게** 하셨느니라

이 말씀에 따르면 하나님은 형통함과 곤고함을 사람에게 함께 경험하게 하면서 그 앞일을 바라보지 못하게 좌절시키신다. 그런 가운데서 성

경이 우리에게 요청하는 것은, 우리가 아무런 구체적인 정보 없이 지금
출발해야 한다는 것이다.

우리의 비전, **하나님**의 **생각**

우리가 생각하는 비전과 하나님의 생각은 다르다. 우리는 앞을 분명히
내다볼 수 있는 그림을 원하지만, 하나님은 우리에게 보이지 않는 그림
을 주신다. 이 차이를 인식하는 것이야말로 하나님이 원하시는 우리 인
생의 그림을 찾아가는 출발점이 된다.

하나님의 방식과 우리의 방식은 어떤 차이를 만들어 낼까? 만약 우리
가 원하는 그림이 분명하다면, 우리는 그림을 주시는 분보다 그림 자체
에 집중하고 여기에 우리의 모든 것을 쏟아 부으려 할 것이다. 즉, 비전
이 하나님을 가릴 수도 있다. 그러나 그림이 분명하지 않고 오히려 그림
으로 우리를 부르시는 분의 음성이 분명할 때, 우리는 비전보다 비전을
주시는 분에게 더욱 집중하게 된다. 여기서 비전의 문제는 신뢰와 믿음
의 문제로 바뀐다.

우리 자신의 비전이 하나님을 가릴 수 있을까? 그렇다. 충분히 그럴
수 있다. 가나안 땅에 들어간 이스라엘 백성의 경우가 이를 잘 보여 준
다. 이들은 하나님이 약속하신 가나안 땅에 들어갔지만, 그들 눈앞에 펼
쳐진 풍요와 번영에 집중하느라 하나님을 잊어버렸다. 그리고 이들의 눈

앞에 펼쳐진 그림이 하나님을 가리면서 이들은 멸망의 길로 치닫기 시작
했다. 이것이 나약한 인간이 갖고 있는 한계다. 하나님은 이스라엘 백성
의 연약한 모습을 아시고 그들이 가나안 땅에 들어가기 전에 미리 경고
해 주신다.

내가 오늘날 네게 명하는 여호와의 명령과 법도와 규례를 지키지
아니하고 **네 하나님 여호와를 잊어버리게 되지** 않도록 삼갈지어
다 네가 먹어서 배불리고 **아름다운 집을 짓고** 거하게 되며 또 네
우양이 번성하며 네 **은금이 증식되며** 네 소유가 **다 풍부하게 될**
때에 두렵건대 네 마음이 교만하여 **네 하나님 여호와를 잊어버릴**
까 하노라 여호와는 너를 애굽 땅 종 되었던 집에서 이끌어 내시
고 너를 인도하여 그 광대하고 위험한 광야 곧 불뱀과 전갈이 있
고 물이 없는 간조한 땅을 지나게 하셨으며 또 너를 위하여 물을
굳은 반석에서 내셨으며 네 열조도 알지 못하던 만나를 광야에서
네게 먹이셨나니 이는 다 너를 낮추시며 너를 시험하사 마침내
네게 복을 주려 하심이었느니라 또 **두렵건대 네가 마음에** 이르기
를 내 능과 내 손의 힘으로 내가 이 재물을 얻었다 할까 하노라
네 하나님 여호와를 기억하라 그가 네게 재물 얻을 능을 주셨음
이라 이같이 하심은 네 열조에게 맹세하신 언약을 오늘과 같이
이루려 하심이니라 네가 만일 **네 하나님 여호와를 잊어버리고** 다
른 신들을 좇아 그들을 섬기며 그들에게 절하면 내가 너희에게

증거하노니 너희가 정녕히 멸망할 것이라(신 8:11-19).

이 말씀은 보이는 것에 쉽게 현혹될 수 있음을 이스라엘 백성에게 경고하고 있다. 아름다운 집, 풍성한 소와 양, 그리고 은과 금, 이 모든 것은 우리의 눈을 사로잡아 하나님을 잊어버리게 만들 수 있는 매력과 힘을 갖고 있다. 그러기에 하나님은 모든 보이는 것을 주신 보이지 않는 하나님을 잊지 말라고 경고한다.

눈앞에 보이는 것들은 보이지 않는 하나님을 쉽게 잊어버리게 할 수 있다. 우리의 눈은 시각적 자극에 약하다. 그래서 하나님은 종종 비전을 가린 상태로 우리를 인도하신다. 하나님은 생존의 가능성이 보이지 않는 광야에서, 보이는 것을 만드는 분이 하나님임을 이스라엘 백성이 알기 원하셨다. 또한 눈에 당장 보이는 것보다 눈에 보이지 않는 하나님을 신뢰하고 사랑하는 것이 더 중요함을 배우기 원하셨다. 이를 훈련시키기 위해 하나님은 이스라엘 백성을 광야에서 40년간 헤매게 하셨다. 다시 말해 이스라엘 백성이 가나안 땅을 눈앞에 두고도 40년이란 오랜 세월을 광야에서 보낸 것은, 보이지 않는 하나님을 신뢰하고 믿는 것이 눈에 보이는 것과는 비교할 수 없을 만큼 중요함을 알려주기 위해서였다. 그래서 하나님은 이제 광야생활을 정리하고 약속의 땅으로 들어가려는 이스라엘 백성에게 다음과 같이 말씀하신다.

네 하나님 여호와께서 이 사십 년 동안에 너로 광야의 길을 걷게 하신 것을 기억하라 이는 너를 낮추시며 너를 시험하사 네 마음이 어떠한지 그 명령을 지키는지 아니 지키는지 알려 하심이라 너를 낮추시며 너로 주리게 하시며 또 너도 알지 못하며 네 열조도 알지 못하던 만나를 네게 먹이신 것은 **사람이 떡으로만 사는 것이 아니요 여호와의 입에서 나오는 모든 말씀으로 사는 줄을 너로 알게** 하려 하심이니라(신 8:2-3).

이스라엘의 생존은 눈에 보이는 소유나 당장 먹을 떡에 있지 않았다. 이들의 생존은 하나님의 말씀에 있었다! 하나님은 이스라엘의 생존과 번영이 눈에 보이는 물리적 조건보다 하나님과 그분의 말씀에 있음을 재차 강조하신다. 사람의 근본적인 생존 문제에 있어 보이지 않는 것이 보이는 것보다 더 중요하다는 것이다. 이는 예수님의 사역에서도 잘 나타난다.

예수님이 광야에서 40일간 금식하며 사역을 위해 준비하실 때, 사탄은 눈에 보이는 것으로 예수님을 유혹했다. 사탄은 40일간 굶주린 예수님에게 주변에 널린 돌들로 떡 덩이를 만들라고 유혹했다. 굶주린 상태에서 김이 모락모락 나는 떡을 생각해 보라. 당장 입가에 군침이 돌지 않겠는가? 그러나 예수님은 시각적인 유혹을 보이지 않는 하나님의 말씀으로 물리치신다.

사람이 떡으로만 살 것이 아니요 하나님의 입으로 나오는 모든 말씀으로 살 것이라(마 4:4).

이는 사람의 실존이 눈에 보이는 것에 있는 것이 아니라, 보이지 않는 하나님의 말씀에 있음을 선포힌 것이다.

첫 유혹이 실패하자 사탄은 이제 대중적인 시선으로 예수님을 유혹한다. 그는 예수님을 성전 꼭대기로 데려가서 뛰어내리라고 유혹한다.

"뛰어내려라! 그러면 하늘의 천사들이 너를 구해 줄 것이다."

예수님이 꼭대기에서 공중으로 두둥실 떴다가 천사들의 시중을 받으며 안전하게 내려오는 것을 사람이 본다고 생각해 보라! 많은 사람들이 이 장면을 통해 예수님을 메시아로 인정하며 몰려들 것이다. 얼마나 멋진 첫 사역의 등장인가! 다른 사람들이 바라는 기대의 시선, 이것도 매우 강렬한 유혹임에 틀림없었다. 그러나 예수님은 이것도 하나님의 음성인 말씀으로 물리치신다. 타인의 시선과 평가가 하나님 말씀에 앞서지 않음을 예수님은 아셨다.

그러자 사탄은 세 번째로 천하만국의 부귀영화를 보여 주며 유혹한다.

"내게 엎드려 경배하면 이 모든 것을 네게 주리라!"

사탄은 이 땅에 하나님의 나라와 영광을 회복하러 오신 예수님의 사명을, 노력하지 않고 쉽게 얻을 수 있는 시각적이고도 자극적인 방법으로 유혹한다. 그러나 예수님은 이것 역시 보이지 않지만 매우 분명한 말씀으로 물리치신다. 눈에 보이는 화려한 영화와 하나님 말씀으로 이루어질 하나님의 나라는 질적으로 전혀 다르다. 예수님은 눈에 보이는 영화를 초월하는 본질적인 하나님 말씀의 능력을 알고 계셨다. 예수님은 분명 눈에 보이는 시각을 넘어서는 분이셨다. 왜냐하면 요한복음 1장 1절에서 알 수 있듯, 그분 자신이 말씀이셨기 때문이다. 이처럼 성경은 눈에 보이는 것보다 눈에 보이지 않는 것이 더 중요하다는 것을 선포한다. 그리고 성도에게 보이는 것을 넘어 보이지 않는 것을 추구하며 살도록 격려한다. 그 보이지 않는 것이 바로 하나님의 음성, 곧 말씀이다.

여기서 우리는 그동안 비전에 대해 가졌던 막연한 안타까움과 혼란스러움을 다시 한 번 생각해 볼 필요가 있다. 만약 하나님이 아브라함과 이스라엘 백성을 인도하셨던 방식이 정상적인 신앙생활의 한 방식이라면, 오늘날 우리에게 명확한 비전이 없는 것이 오히려 정상적이라 할 수 있지 않을까? 그런데도 오늘날에 누군가가 비전이 없다고 말하면 왠지 못마땅해 보인다. 비전이 없는 사람은 인생을 성실하게 살지 못하는 것처럼 보인다. 이는 우리가 '비전'이라는 단어에 무척 고무되어 있기 때문이다. 그렇다면 도대체 무엇이 이토록 우리를 비전에 열광토록 하는가?

4 | 왜 우리는 비전에 열광하는가

왜 우리는 비전에 열광하는가? 비전이 점차 중요하게 생각되고 하나의 유행처럼 일어나는 것은, 오늘날의 시대 흐름과 한국인의 독특한 특성이 동시에 맞물려 있기 때문이다. 그 구체적인 원인을 살펴보도록 하자.

시대의 흐름

이미지 시대

오늘날 우리는 강렬한 이미지의 홍수 시대에 살고 있다. 전철을 타도, 버스를 타도 사방에서 광고 이미지가 사람들을 유혹한다. 인터넷을 사용해도 곳곳에서 영상 광고가 네티즌들을 현혹한다. 이러다 정신 차리지 않으면 자기 생각을 잃고 이미지의 바다에 빠져 끌려 다닐 것 같다. 전에는 핸드폰으로 전화 통화만 하면 만족했다. 그러나 이제 컬라 화면은 물론이거니와 핸드폰을 통해 텔레비전 프로를 시청할 수도, 상대의 얼굴을 보며 통화할 수도 있게 되었다. 우리를 둘러싼 일상생활에서 이미지는 언제 어디서든지 우리의 시선을 끊임없이 사로잡으려 한다. 기업들은 이왕이면 좀더 자극적이고 강렬한 이미지로 빠른 시간 안에 사람들의 눈길을 끌려고 애쓴다.

음악 전문 방송 채널인 MTV를 보라. 음악 한 곡이 방송되는 3,4분 동안 시청자들의 시선을 사로잡기 위해 수많은 자극적인 이미지를 내보내고 있지 않은가. 이미지가 메시지의 중심이 되다 보니, MTV는 세상의 모든 사물을 이미지로만 해석하고 있다. 그래서 MTV는 인간, 특히 젊은 이가 지닌 중심적 가치관이나 사고 틀의 근간을 흔든다는 비판까지 받고 있다. 이만큼 이미지는 오늘날 강력한 영향력을 발휘하고 있다.

요즈음 이를 간파한 기업들은 '디자인'과 '이미지'에 총력을 기울이고 있다. 최근 한 가전 회사가 와인 잔을 형상화한 LCD 텔레비전을 출시했다. 이 텔레비전은 한 달이 조금 넘는 기간에, 국내에서 1만 5천 대, 전 세계적으로 50만 대 이상을 팔아서 판매 최다 신기록을 세웠다.[4] 이런 놀라운 결과를 낸 이유는 무엇일까? 전문가들은 한결같이 '디자인'을 꼽는다. 그동안 볼 수 없던 와인 잔 이미지를 형상화한 독특한 디자인이 소비자의 눈길을 단번에 끌어당겼다는 것이다. 요즈음 기업들은, 소비자가 제품에 매료되는 시간을 1초로 잡는다. 1초 안에 소비자의 눈길을 끌지 못하면 다시 주목받기 어렵다는 것이다. 따라서 기업들은 소위 '1초의 승부'에 총력을 쏟고 있다. 이는 시각 이미지 디자인을 향상하기 위해

<hr>

[4] "삼성전자, 보르도 TV 벌써 50만 대", 조선일보 인터넷 판(www.chosun.com), 2006. 5. 31.

총력을 기울이는 것이 사업 성공의 결정적 요소임을 보여 준다. 단순미와 고급스러움, 화려함으로 소비자의 감성을 자극하는 제품이 최근 2-3년 사이 새로운 성공 코드로 자리 잡고 있다.

강렬한 시각적 이미지 시대에 사는 사람들은 보는 것을 통한 만족을 중요시한다. 또 이미지 시대에 사는 사람들은 아브라함이 받은 '갈 바를 알지 못하는' 비전에 그다지 매력을 느끼지 못한다. 요즈음에는 무엇이든지 시각적 요소가 들어가야 한다. 이러한 때에 갈 곳이 어디인지 명확한 이미지로 제공되지 않는 '투박한' 비전을 붙잡으려는 사람들이 얼마나 있겠는가? 이미지 시대에 사는 현대인들은 무엇인가 확실하고 감동을 주는 자극적인 그림을 원한다. 매력적으로 끌리면서도 다른 사람들도 공감하고 부러워할 만한 멋진 비전을 갖고 싶어 한다.

속도의 시대

오늘날은 상품, 서비스, 비즈니스 모델, 기술, 지식, 기업의 수명 주기가 점점 짧아지고 있다. 반도체 분야에 '황의 법칙'(Whang's Law)이라는 것이 있다. 이는 '반도체 메모리의 용량이 1년마다 2배씩 증가한다는 이론'[5]으로 오늘날 반도체 업계에서는 정설로 받아들여지고 있다. '황의 법칙'이 있기 전에는 '무어의 법칙'이 반도체 업계에서 정설로 받아들여졌

---

5) "황의 법칙", 네이버 백과사전.

 내 인생에 비전이 보인다

다. 무어는 인텔사의 공동 설립자로, 1960년대에 반도체 시대가 시작되면서 마이크로칩에 저장할 수 있는 데이터 용량이 18개월마다 2배씩 증가한다는 이론을 제시했다. 그리고 실제 인텔사의 반도체는 이러한 법칙에 따라 용량이 향상되었다.

그러나 2002년 국제반도체회로학술회의(International Solid Sate Circuits Conference: ISSCC)에서 삼성전자의 황창규 사장은 '무어의 법칙'을 대신할 '황의 법칙'을 발표했다. 이는 반도체의 집적도가 2배로 증가하는 시간이 1년 반에서 1년으로 단축되었으며 '무어의 법칙'을 뛰어넘고 있다는 것이었다. 이 규칙을 황창규 사장의 성을 따서 '황의 법칙'이라 칭했다. 실제로 삼성전자는 1999년에 256메가 낸드 플래시 메모리를 개발한 이후, 해마다 집적도가 2배로 증가하는 제품을 생산하고 있다.

요즘은 무엇이든 빨라지고 있다. 원하는 것을 바로 얻을 수 있는 시대로 진입하고 있는 것이다. 그전에는 하루 종일 걸린 서울 부산 간 여행이 지금은 2시간대로 단축되었다. 밥을 짓는 데 1시간은 넉넉히 잡아야 했던 것이, 이제 전자레인지에 1분만 돌리면 바로 먹을 수 있게 되었다. 어떤 음식점에서는 주문한 음식이 일정한 시간에 나오지 않으면 할인해 주거나 무료로 제공하는 제도를 시행하기도 한다.

속도의 시대에 사는 사람들은 원하면 바로 손에 잡히는 비전을 원한다. 별다른 고민 없이, 기도나 말씀과의 씨름도 없이, 그저 자신이 원할 때 눈앞에 비전이 바로 주어지기를 바란다. 많은 청년이 비전의 문제로 고민할 때 힘들어하는 이유가 여기에 있다. 자신이 기대하는 것보다 비전을 얻는 데 훨씬 시간이 오래 걸리기 때문이다.

공자의 《논어》 '안연' 편에 지천명(知天命)이라는 말이 있다. 이는 하늘의 뜻을 안다는 의미로, 인생의 나이 50대를 일컫는다. 옛 사람들이 자신에게 주어진 하늘의 뜻을 50대에 이르러서야 깨닫게 되었다는 것이다. 속도의 시대를 사는 우리는 하늘의 뜻을 10대와 20대로 압축시켜 끌어당기려 하고 있다. 이런 서두름 때문에 젊은이들에게 비전이 강요되다시피 하고 있다. 또 많은 젊은이가 비전으로 인해 압박감과 스트레스를 받고 있다.

예측 가능성을 추구하는 불확실성의 시대

앞서 언급한 것처럼 오늘날이 속도의 시대라면, 속도가 필연적으로 초래하는 것이 있다. 바로 변화다. 그것도 '빠른' 변화다. 오늘날은 정보, 기술, 재정, 에너지 등이 너무도 빠르게 유포되어 사람들에게 생각할 수 있는 시간적 여유를 허락하지 않는다.[6] 개인뿐만 아니라 일반 대중, 집단, 회사, 국가도 쏟아지는 정보와 극단적인 변화에 압도당하고 있다. 이런 빠른 변화는 불확실성을 확산시키고 사람들을 불안으로 몰아간다.

이 불안의 시대 속에서 사람들은 안정을 찾고 싶어 한다. 얼마 전 한 인터넷 정보 회사가 직장인 2231명을 대상으로 조사한 결과, 가장 인기

---

6) 로버트 A. 아이작 저, 강정민 역, 《세계화의 두 얼굴》(서울: 이른아침, 2006), 37쪽.

있는 직업 1,2위가 교사와 공무원이었다.[7] 여기에는 교사와 공무원이 주
는 직업적 안정감, 즉 정년을 보장하고 이후의 연금도 계속적으로 지급
된다는 것이 크게 작용했다. 급격한 변화와 무한경쟁 가운데서 40대가
되면 직장을 그만두어야 하는 시대에, 직업적 안정감은 분명 커다란 매
력임에 틀림없다. 이 직업적 안정감은 삶을 나름대로 통제하며 예측 가
능하게 해 준다.

우리 대부분은 예측 가능한 삶에 무척이나 익숙하다. 왜냐하면 어렸을
때부터 상당 기간 동안 예측 가능성을 추구하는 삶의 방식이 어떠한지
경험했기 때문이다. 이미 경험한 초·중·고 12년간의 학교생활이 바로
그것이다. 이때는 자신이 나아가야 할 길 앞에 무엇이 있는지 미리 예측
하고 대비하는 것을 배웠던 기간이다. 특수한 경우를 제외하고 어린이들
대부분은 적정 연령이 되면 초등학교에 입학해야 한다. 초등학교를 졸업
하면 중학교로 진학하는 길이 펼쳐진다. 중학교 1학년을 마치면 별 고민
할 필요 없이 2학년, 3학년이 되고, 중학교를 졸업하면 고등학교에 들어
간다. 미리 정해진 제도 안에서 가시적 목표—대학진학을 포함한 상급학
교 진학—를 추구하며 살아가는 이 기간을 통해 우리는 예측 가능성이
지배하는 생활이 무엇인지 경험한다.

오늘날 시간 관리 기술이 유행하는 이유는 불안정한 삶을 안정적으로
통제하기 위한 기회를 제공하기 때문이다. 뿐만 아니라 핸드폰의 발신자

---

7) www.payopen.co.kr

추적 서비스, 교통 지도를 안내하는 네비게이션 시스템 역시 같은 맥락에서 이해할 수 있다. 나에게 전화를 한 사람이 누구인지, 또 길을 가더라도 갈 곳이 어디인지 미리 알아야 안심할 수 있다. 최근 들어 시작된 맞춤형 일기예보도 이런 면모를 보여 준다.[8]

조선소에서 많이 이용하는 맞춤형 일기예보 서비스는 지역 반경 5킬로미터 내외의 일기를 정확하게 예측하여 선박을 안정적으로 건조할 수 있도록 도움을 준다. 예를 들어 내일 오전 9시부터 두 시간 동안 비가 온다는 일기예보가 나오면, 선박 도색작업은 이 시간을 피해서 한다. 이 모든 것이 인간의 통제 밖에 있던 것을 과학 기술의 발달로 인간의 통제 아래 둔 사례들이다.

이런 예측 가능성을 추구하는 불확실성의 시대에, 시각적인 요소를 중심으로 하는 비전은 분명 매력적으로 다가온다. 인생의 장래를 또렷이 볼 수 있게 하는 명확함은 예측 가능성을 주기 때문이다. 이에 반해 눈에 보이는 것 없이 어디로 가야 할지를 알지 못하고 나아가는 아브라함의 삶(창 12:1)은 오늘날의 현대인에게 분명 불안하고 위험스러운 길로 비쳐질 수 있다. 동시에 이런 삶은 오늘날과 같은 무한경쟁 시대에 현대인이 경험하는 삶의 대부분이기도 하다. 그러기에 현대인은 분명하게 보이는 비전에 더욱 집착한다.

---

8) "일기예보 산업", 〈부산일보〉, 2004. 6. 17.

한국인의 특성

오늘날 비전이 유행처럼 퍼지는 이유는 시대의 흐름과 함께 한국이라는 독특한 상황과 한국인이 갖고 있는 특질이 잘 결합되었기 때문이다. 한국인의 사회적 특성은 비전을 추구할 때 반드시 고려해야 할 요소다. 여기서는 한국인이 처한 독특한 환경적 특성인 단일성과 밀집성을 살펴보고, 이로부터 발생하는 한국인의 사회적 특질을 알아보자.

한국인의 환경–단일성, 밀집성

한국이 갖는 독특한 환경적 특성으로는 단일성과 밀집성을 들 수 있다.[9] 인구 천만 명 이상의 나라들 중 한국처럼 인종, 문화, 언어의 측면에서 단일한 국가는 찾아보기 어렵다. 일본은 단일민족이라지만 이민족이 2,3퍼센트 존재한다. 한국은 다른 민족 집단이 1퍼센트도 섞이지 않은 그야말로 단일한 민족이다. 뿐만 아니라 한국은 '자연 조건'도 단일하다. 우리나라는 어디를 가든 비슷한 산이 솟아 있고 비슷한 시내가 흐른다. 기후 역시 전국적으로 사계절이 뚜렷이 구분되고, 풍토도 거의 비슷하다. 그러나 일본만 하더라도 북쪽과 남쪽이 뚜렷한 기후와 풍토 차이를 나타낸다. 광대한 대륙 국가인 중국은 더 말할 것도 없다. 한국학자

---

9) 김영명 저, 《신한국론》(고양: 인간사랑, 2005), 51-70쪽 참조; 강준만 저, 《한국인 코드》(서울: 인물과 사상사, 2006) 참조.

김영명은 위의 조건과 더불어 강대국에 둘러싸인 '지정학적 위치'와 이민족에게 수없이 침략당한 경험 역시 한민족의 단일성 형성에 큰 영향을 주었다고 본다.[10]

또한 한국은 인구밀도 면에서 일부 도시국가를 제외하고 세계 최고 수준이다. 전국 주요 도시마다 20층 이상의 고층 아파트가 고르게 들어선 나라는 한국이 거의 유일하다. 수도권 인구 집중률은 2003년 기준으로 46.7퍼센트를, 2005년 기준으로 48.2퍼센트로 세계 최고를 기록했다.[11] 이는 수도권 인구 집중 비율이 높은 일본(32퍼센트), 프랑스(18.7퍼센트), 영국(12.2퍼센트) 등 외국에 비해 크게 높은 수준이다.[12] 우리나라는 급격한 도시화가 진행되면서 밀집성이 더욱 심화되었고, 이는 한국인의 성격 형성에 큰 영향을 주었다.

이상과 같은 단일성과 밀집성은 한국인의 독특한 속성을 형성한다. 다음으로 살펴볼 획일성, 집중성, 조급성, 극단성, 역동성 등이 한국인의 독특한 속성에 해당된다. 이는 한국의 많은 젊은이가 비전을 그토록 열렬히 추구하려는 이유를 설명하는 데 적잖은 도움을 준다. 이제 비전과 관련해 획일성, 집중성, 조급성을 중심으로 살펴보도록 하자.

---

10) 김영명, 《신한국론》, 53-54쪽.
11) 2003년 통계는 위의 책, 110쪽. 2005년 통계는 "2011년 국민 절반 수도권 거주", 〈국민일보〉 2007. 5. 11.
12) 위의 책, 110쪽. 여기서 사용한 세계 각국의 수도권 비교 통계는 2003년 통계를 근거로 삼았다.

한국인의 속성-획일성, 집중성, 조급성

한국인은 오랫동안 단일민족으로서의 동질성을 유지해 왔기 때문에 가치관, 사고방식, 행동양식에 다양성이 부족하다. 한국인은 하나같이 획일적인 성향을 보인다. 흔히들 하는 말로 외국에서 한국 유학생을 보면, 바로 구분할 수 있다고 한다. 그것은 한국인은 비슷한 유행, 비슷한 화장, 비슷한 옷을 입고 다니기 때문이다. 이는 비전의 경우에도 마찬가지다. 젊은 청소년들에게 비전을 물어 보면, 그들 자신만의 독특한 것이 별로 없다. 천편일률적으로 다른 사람들이 선망하는, 그러면서도 안정적인 그림을 선호한다. 대중적인 이미지 시대의 영향으로 이들이 바라보는 것 역시 비슷하다. 따라서 우리나라 청년들은 가치관과 미래관이 획일적으로 형성될 가능성이 많다.

획일성은 한국인의 두 번째 속성인 집중성과 관련되어 비전을 하나의 유행으로 만들기 쉽다. 한국에서는 사회 구조와 문화 구조가 단일하기에 다원적인 경쟁과 갈등, 견제 요소가 적다. 이때 경쟁과 갈등은 힘센 한쪽으로 집중되는 경향이 있다.[13] 즉, 단일성의 결과로 집중성이 나타난다. 그리고 집중성은 집단주의와 집단적 쏠림현상을 낳는다. 또 이런 쏠림현상은 한국인의 정서 가운데 하나로 자리 잡고 있다.

얼마 전 월드컵 축구 경기를 응원했던 '붉은 악마' 응원단을 보라. 새

---

13) 위의 책, 64쪽.

벽 4시에 있는 축구 경기를 응원하기 위해 수십만 명이 밤을 지새우며 "대~한민국"을 외쳤다. 이런 응원 열기는 국민 모두가 애국심으로 하나 됨을 확인하는 계기가 되는 긍정적인 면도 있지만, 다른 한편으로는 무엇인가 하나에만 치우치는 집단적 쏠림현상으로 볼 수도 있다. 어떤 이는 이런 성향을 '몰개성적 합일주의'라고 표현하기까지 했다.[14] 이렇듯 우리나라에서는 건강한 비판의식 없이 집단적으로 한쪽으로 쏠리는 현상이 종종 일어난다. 로또가 시작되자 너도나도 로또를 사 로또 붐을 일으켰다. 어디 음식을 잘하는 식당이 있다는 소문이 나면, 전국 각지에서 우르르 몰려가 줄을 서서라도 반드시 그 집 음식을 먹어야 직성이 풀린다. 또 IMF 때 나라가 어렵다고 하자, 한국인은 너도나도 금을 내다 팔기 시작했다.

집단적 쏠림현상은 마찬가지로 '비전'에서도 나타난다. 급격한 속도로 변화하는 불안의 시대를 사는 젊은이들에게 무엇인가 확실하고 예측 가능성을 주는 그림이 있고, 누군가가 그 비전을 붙잡았다고 하자. 그러면 젊은이들은 집단적으로 비전의 문제에 관심을 쏟기 시작한다. 자신이 하나님에게서 받은 독특한 개성이 무엇이고, 내면의 음성이 무엇인지에 대해 귀 기울일 여유를 갖기도 전에 눈에 당장 보이는 '비전'에 마음이 쏠리는 것이다.

문제는 이런 쏠림현상이 조급하고 극단적인 방식으로 이루어진다는 데

---

14) 박재환 외 15인 공저, 《현대 한국 사회의 일상문화 코드》(서울: 한울아카데미, 2004), 13-67쪽 참조.

집단적 쏠림현상은 마찬가지로 비전에서도 나타난다.

있다. 고도로 밀집된 한국의 환경은 사람들 사이에 부대끼는 긴장감을 고조시키고, 경쟁을 부추긴다. 이로 인해 사람들은 빨리 움직이게 되고 조급해진다. 그래서 무엇을 하든지 여유 있고 느긋하게 하기보다 빠르고 경쟁적이며 극단적으로 하기 쉽다.

예술의전당 김용배 사장의 말에 따르면, 외국의 대연주가들이 한국에 연주하러 와 우리나라의 10대 초반의 음악도들을 보고 다음의 경우와 같이 세 번 놀란다고 한다.

> 어린 학생이 연주하겠다고 하는 곡목이 그 대가가 어렸을 적엔 스무 살이 넘어서야 겨우 손대기 시작하는 엄청난 곡이라서 처음 놀라고, 다음에는 그럼에도 불구하고 그 어려운 곡을 너무나 잘 연주해서 또 놀라고, 마지막으로는 그 곡보다 기교적으로 훨씬 쉬운 기초적인 곡을 시켜 봤을 때 너무나 못해 다시 한 번 놀란다는 것이다.[15]

한국 사회의 조급성을 잘 보여 주는 대목이다. 빨리하는 것을 추구하는 우리 문화는 과정보다 결과를 중시한다. 그래서 겉모양은 좋지만 속은 부실할 때가 많다. 성수대교나 삼풍백화점 붕괴 사건, 그리고 최근 들어 발생한 '황우석 쇼크'를 통해 우리는 이미 이를 생생하게 경험했다.[16]

---

15) "느림, 기다림의 미학", 중앙일보 인터넷 판(www.joins.com), 2005. 3. 16.
16) 《한국인 코드》, 46-56쪽 참조.

우리 자신의 조급성은 비전에서도 그대로 나타난다. 우리는 오랜 시간 비전의 문제로 씨름하고 자신의 부르심을 찾아가기 위해 애쓰기보다 당장 내 눈앞에 완성된 비전이 펼쳐지기를 바란다. 오랜 시간에 걸쳐 비전을 형성하기보다 급조한 비전을 선호하는 것이다.

이상으로 살펴본 한국인의 단일성과 밀집성, 그리고 이를 통해 파생된 획일성, 집중성, 조급성은, 오늘날의 많은 한국 청년들이 왜 이토록 비전에 열광하는지 이해하는 데 도움을 준다. 20년 전만 하더라도 비전에 대해 그렇게 많이 강조하지 않았다. 여름 수련회나 세미나의 주제도 회개, 성숙, 전도, 성화, 성령 충만, 은혜와 같은 것이었다. 그런데 최근 들어 이런 주제는 찾아보기 힘들고, 대부분이 비전과 관련된 것으로 대체되었다. 여기저기서 비전에 관한 책과 자료가 나오고, 많은 교회에서도 젊은 이들에게 비전을 외치고 있다. 오늘날 비전에 대한 관심은 하나의 신드롬처럼 나타나고 있다. 이럴 때일수록 우리는 이곳저곳에서 비전을 외친다고 함께 쏠려 다닐 것이 아니라, 냉정한 태도로 비전에 대한 건강한 관점을 갖도록 노력해야 한다.

아메리칸 드림

아메리칸 드림은 미국 사람들 대부분이 품고 있는 삶의 이상으로, 누구든지 성실하고 열심히 일하면 자신이 원하는 삶의 멋진 목표를 이룰 수 있다는 일종의 신념이다. 아메리칸 드림이 지향하는 이상에 따르면, 성공은 '99퍼센트의 노력과 1퍼센트의 재능으로 이루어진다.' 그리고 아메리칸 드림은 나 자신이 이루어야 하는 것이다. 그 누구에게도 아메리칸 드림이 거저 주어지지는 않는다. '아메리칸 드림'이란 용어는 1931년에 역사가 제임스 애덤스가 《미국의 서사시》라는 책에서 처음으로 사용하면서 대중적으로 자리 잡은 것이다. 그러나 사실상 아메리칸 드림은 200여 년 전, 미국의 개척자들이 자유와 행복의 꿈을 품고 아메리카에 정착하면서 시작되었다.[17]

미국 초기의 정착자들은 광대한 땅을 개척해 독립성과 자율성을 가졌고, 이를 통해 자신의 삶을 개척해 나갔다. 그들은 광활한 공간으로 인해 인간관계보다는 주변에 있는 자연 환경을 정복 대상으로 삼았기에, 오늘날에도 아메리칸 드림에는 일 자체에 대한 노동 가치가 매우 중요시된다. 주변 관계보다는 목표와 과업을 성공적으로 잘 이루어 내는 것을 더 가치 있게 여겼던 것이다. 그래서 아메리칸 드림은 공동체보다는 개인주의에 더 깊이 뿌리내리고 있으며 독립성을 추구한다. 아메리칸 드림은 이왕이면 원대한 꿈을 이루라고 하며 불가능해 보이는 커다란 목표를 향해 달려가도록 격려한다.

미국의 강철왕 카네기나 석유왕 록펠러 같은 사람은 아메리칸 드림을 이룬 사람의 전형이다. 아메리칸 드림은 미국인의 사고 곳곳에 깊이 스

---

17) 제레미 리프킨 저, 이원기 역, 《유러피언 드림》(서울: 민음사, 2005), 23-54쪽.

며들어 있으며 이는 할리우드로 대표되는 미국의 대중문화에서도 잘 나타난다. 이러한 영향 때문인지 우리는 종종 비전을 자신이 이룰 꿈으로 생각한다. 더구나 이 비전이 하나님이 주신 것이라면 어떻게든 이루어질 것이라고 스스로를 위안하고 격려하기도 한다. 또 우리는 비전을 이루면 모든 것이 잘 되는 행복한 상태에 이를 것으로 기대한다.

오늘날에는 여기저기서 청년들에게 "원대한 비전을 품으라"고 외친다. 그런데 이런 구호를 가만히 살펴보면, 그 구호가 말하는 비전은 아메리칸 드림이 추구하는 이상과 유사한 점이 많다. 오늘날 청년들에게 비전을 품으라고 하면서 도전할 때, 평범한 삶을 살지 말고 비범하게 살 것을 요청한다. 그리고 비범하고 원대한 비전을 이루기 위해 열심히 최선을 다해 노력하라고 한다. 그러나 원대한 비전을 품으라고 할 때, 이 비전은 종종 성공에 대한 '야망'(ambition)으로 비쳐질 때가 많다. 사람들 대부분이 원대한 비전에 대해 하나님의 영광을 위한 것이라고 말하지만, 그들의 관점은 대부분 고지론(高地論)적이다. 사회에서 나름대로 커다란 업적을 이루고, 주변 사람들에게 인정받아 하나님에게 영광을 돌리겠다는 것이다.

물론 젊은 청년들의 삶을 열심히 가꾸라는 도전은 그들에게 끼치는 유익이 있다. 그러나 성경은 원대한 삶이나 목표를 성취하는 삶보다 한 알의 밀알로 썩고 희생하는 삶, 자신의 야망을 이루기보다 내려놓는 삶, 낮은 곳으로 내려가는 삶, 순종하는 삶을 도전한다. 요컨대 성경의 가치는 아메리칸 드림과 많은 부분 일치하지 않는다. 비전에 관한 메시지를 접하면서 드는 생각은 '비전'이라는 이름으로 우리가 자꾸 아메리칸 드림의 이상만을 추구하는 것이 아닌가 하는 염려다. 이것이 염려가 되는 이유는, 앞서 언급했듯 성경이 추구하는 가치관과 아메리칸 드림의 가치관은 정확하게 맞아떨어지시 않기 때문이다. 뿐만 아니라 오늘날 아네리칸 드림이 보여 주는 여러 퇴색의 조짐 때문이기도 하다.

미국 펜실베이니아 대학 와튼 경영대학원 교수인 제레미 리프킨은 그의 저서 《유러피언 드림》을 통해 오늘날 퇴색해 가는 아메리칸 드림의 위험한 현상을 잘 보여 주고 있다. 리프킨이 제시하는 여러 문제 중 핵심적인 사안은, 아메리칸 드림이 원하는 독립성과 자율성, 목표 지향성이다. 다른 사람과의 관계는 별로 고려하지 않고, 독자적으로 자신이 원하는 바를 열심히 추구하려는 열정이 오늘날 다른 사람에게 많은 피해를 끼치고 있다는 것이다. 몇 해 전 개봉된 〈스파이더맨 2〉에서 악당으로 나온 옥토퍼스 박사는 지구상에 25파운드밖에 없다는 가상의 '트리늄'이라는 물질로 핵에너지 실험을 하여 인공태양을 만들려 했다. 그는 주위의 만류에도 끝까지 자신의 욕심을 관철하려 하다가 결국 지구에 막대한 피해를 입히고 만다.

그런데 영화에서나 나올 법한 일이 오늘날에도 일어나려 하고 있다. 뉴욕 맨해튼에서 동쪽으로 100킬로미터 정도 가면 롱아일랜드가 나온다. 그곳에 '브룩헤이븐'이라는 국립 연구소가 있다. 이 연구소는 1947년에 설립되어 주로 핵에너지를 연구하는 곳이다. 이 연구소는 2000년에 야심 찬 프로젝트를 발표했다. 이는 137억 년 전, 우주를 생성시킨 '빅

뱅' 당시의 상태를 재현하겠다는 프로젝트였다. 입자 가속기를 사용해 고밀도 입자 복합체를 만들어 유사한 작은 빅뱅 현상을 일으키려 했던 것이다. 영국 케임브리지 대학 교수이자 세계적인 천문학자 마틴 리스는 그의 책 《Our Final Hour》(우리의 마지막 시간)에서 이 실험이 주변의 모든 것을 빨아들여 지구 전체를 직경 100여 미터의 불활성 초고응축 구체로 변화시킬 가능성이 있다고 했다. 그러면서 그는 그 프로젝트가 매우 위험한 실험이라며 심각한 우려를 표명했다.[18] 영화 속 이야기가 현실화되고 있는 것이다. 더 큰 문제는 지구 전체에 커다란 재난을 가져올 수 있는 실험이 현재 여러 가지 형태로 진행되고 있다는 사실이다.

아메리칸 드림과 유사한 우리의 비전 추구는, 자칫 개인의 야심 찬 목표만을 향해 달려가기 쉽다. 이 경우 비전을 추구할 때 관계적인 면을 고려한다 하더라도 기껏해야 다른 사람에게 피해를 끼치지 않거나 최소한의 피해만을 고려할 것이다. 또한 이런 비전은 자신의 노력과 열심을 과신하고, 자신의 성실로 하나님의 뜻을 이룰 것으로 확신한다. 종종 아메리칸 드림은 신앙의 가면을 쓰고 비전이란 이름으로 영향력을 행사하며 우리를 혼란스럽게 한다.

---

18) 위의 책, 408쪽.

5 | 우리의 시각 능력은 믿을 만한가

비전에 대한 건강한 관점을 형성하기 위해 점검해야 할 중요한 부분이 있다. 바로 우리의 '시각 능력'에 관한 것이다. 비전(vision)이란, 말 그대로 '볼 수 있는 능력'(The faculty of sight)[19]이다. 이는 단순히 눈앞에 펼쳐져 있는 것을 볼 수 있는 자연적 시각 능력을 넘어 눈에 보이지 않는 것을 예측하고, 분별하고, 통찰력 있게 지각할 수 있는 능력을 말한다. 그러나 우리는 한계를 지닌 연약한 인간이기에 볼 수 있는 능력 또한 제한되어 있다. 그렇다면 우리는 자신의 시각 능력을 어느 정도 신뢰할 수 있을까?

착시현상을 일으키는 우리의 시각

1981년 어느 날이었다. 제주 시내에서 4킬로미터 떨어진 제주시 노형동 제2 횡단도로(1100번 도로)입구의 200-300미터 구간에서 어느 신혼

---

19) *The American Heritage Dictionary of the English Language*, Third Ed. Electronic version (Boston: Houghton Mifflin Company, 1990).

부부가 차에서 내려 사진을 찍고 있었다. 그런데 브레이크를 제대로 채워 두지 않았는지 세워 둔 차가 조금씩 움직이기 시작했다. 놀라운 것은 차가 밑으로 굴러 내려가야 하는데 오히려 언덕 위로 미끄러져 올라가는 것이 아닌가. 이곳은 사람들의 입 소문을 타고 '도깨비 도로'로 알려졌고, 얼마 후 제주의 관광 명소로 자리 잡았다. 그 후 이곳을 지표 측량한 결과, 이 길은 오르막길로 보이는 쪽이 기준 지점보다 경사 3도 가량이 낮은 내리막길임이 확인되었다. 그동안 사람들이 이 길을 오르막길로 알고 있었던 것은 주변 지형으로 인해 착시현상을 일으켰기 때문이다. 사람의 시각 능력이 정확한 것 같지만, 우리는 주변 환경에 의해 종종 착각을 하곤 한다.

영화 화면을 보면, 사람이 실제로 살아 움직이는 것 같다. 그러나 알고 보면 1초에 수십 장의 정지 화면이 빠르게 돌아가며 우리의 시각을 착각하게 만드는 것이다. 이처럼 우리의 시각은 생각보다 착시현상에 취약하다. 정확하게 보지 못할 때가 많다는 것이다. 또 어렸을 때 그렇게 커 보이던 학교 운동장이, 성인이 되어 바라보면 작게 보이는 이유는 무엇 때문일까? 그만큼 우리의 시각 능력이 달라졌기 때문이다. 어렸을 때는 작은 키로 인해 낮은 시선으로 보아서 운동장이 커 보였지만, 성인이 되어서는 그때보다 훨씬 더 자란 키로 인해 더 높이서 바라볼 수 있어 운동장이 작아 보이는 것이다.

성경은, 우리가 자신의 인생을 바라볼 수 있는 시각 능력에도 한계가 있음을 분명히 말씀한다. 우리는 내일 일도 어떻게 될지 모른 채 염려하고 불안해한다(마 6:34). 우리 인생을 바라보고 인도하는 분은 하나님이시다. 하나님은 우리 인생 전체의 그림을 갖고 계시다. 그 그림은 너무나 정교하고 웅장해 인간의 시각으로는 한 번에 바라볼 수도 없고, 그 의미를 능히 헤아리기도 어렵다. 사람은 하나님의 하시는 일의 시종을 다 측량할 수 없다(전 3:11). 일기예보의 경우를 보라. 인공위성 사진을 눈으로 직접 보고 예측해도 날씨는 종종 빗나간다. 이처럼 인간의 시각 능력은 연약하다.

변화하는 우리의 시각 능력

시각 능력에 한계가 있기에, 우리 인생을 향한 비전도 한계의 테두리를 벗어나지 못한다. 우리의 비전은 고정적이고 확실한 것이 아니다. 시각이 변할수록 비전도 새로운 형태로 변하기 쉽다. 시각 능력의 한계가 비전의 가변성을 초래한다. 유치원에 다니는 어린이들에게 무엇이 되고 싶은지 물어보라. 그들의 대답 유형은 그다지 다양하지 않다. 어린이들이 많이 대답하는 것으로는 대통령, 군인, 축구 선수, 연예인, 로봇을 만드는 과학자, 선생님, 운전기사 등이 있다. 이것은 어린이들의 시각 능력의 한계 안에서 나오는 대답이다. 어린이들이 자신의 생활환경 주변에서 이들이 활동하는 모습을 직·간접적으로 보았기 때문이다. 어린이들에게는 자신의 시각 범위 안에 들어온 것이 최고인 것처럼 보인다. 즉 어린

이들은 볼 수 있는 범위 안에서 자신에게 멋지게 보이고, 모든 사람이 선망하는 것을 장래의 비전으로 삼는다. 어떤 어린이는 '과학자' 또는 '군인'이 되겠다고 크게 대답하는 자신감 있는 친구들을 따라 그들과 똑같은 장래의 비전을 품기도 한다. 이처럼 어린이들은 주변의 영향에 민감하게 반응한다.

이렇게 형성된 비전은 시간이 지날수록 변한다. 왜냐하면 어린이들이 성장하면서 주변을 바라볼 수 있는 가시(可視) 범위 또한 점점 넓어지고 깊어지기 때문이다. 초등학생 때까지는 그래도 흔들림 없이 가져왔던 비전이 10대 후반이 되면 흔들린다. 자기 세계관의 폭이 넓어지기 때문이다. 이것이 대학에 가면 또 변하고, 대학을 졸업하면 또다시 변한다. 점점 자신이 살아가야 할 현실을 직시함에 따라 비전도 현실적인 환경과 자신의 역량과 조건을 반영하는 쪽으로 변해 가기 쉽다.

여기서 잠시 그동안 우리 각자가 지닌 비전이 어떤 변천 과정을 가져왔는지 점검해 보자. 제시된 비전 형성 점검표를 채워 보라. 그동안 우리 자신이 형성해 왔던 비전을 점검하는 데 유익을 줄 것이다.

제시된 표를 채우다 보면 살아온 시기의 가시 능력에 따라 각자 나름대로의 비전을 형성해 왔음을 발견할 수 있다. 이런 면에서 비전이 없는 사람은 존재하지 않는다. 왜 그러한가? 누구든지 눈을 들어 주변을 볼 수 있는 능력이 있기 때문이다. 특히 나이가 어릴수록 나름대로 주변 상황을 바라보며 꿈과 희망을 갖는다. 그렇다면 지금 비전으로 고민하는 것은 무슨 이유 때문인가? 이는 바라볼 수 있는 역량이 더 커지고, 현실을 더욱 냉철하게 바라봄에 따라 이전에 가졌던 자신의 비전을 변화시키든지, 새롭게 발견해야 할 필요를 느끼기 때문이다.

| 비전 형성 점검표 |

시기	비전의 내용	비전 형성 요소	지속 기간	변화 이유
초등학생 이전				
초등학생				
10대				
10대 말-20대 초				
20대 후반				
30대 초				

시각의 긍정적 요소와 부정적 요소

이제 우리가 가진 시각 능력을 점검할 필요가 있다. 우리가 갖는 비전의 장점과 그 한계를 정리해 보자.

긍정적 요소

빠른 이해　　　　　　　건축 설계에서 청사진은, 그 건물이 어떤 구조로 건축될지 명확하게 보여 주는 설계 도면이다. 비전은 건축 설계에서 설계 도면과 같이 청사진을 제시하는 효과를 갖는다. 눈으로 보는 비전은 명확함을 특징으로 한다. 비전은 눈에 분명하게 보이는 그림인 것이다. 이는 비전을 품는 이에게 확신을 주고, 비전을 이루기 위해 어떻게 해야 할지 분명한 이해를 가져다준다.

효과적인 동기 부여　　　　　분명한 그림은 많은 사람들을 안심시키고 분명한 목표를 그들에게 제시한다. 명확한 이해에 기초한 분명한 목표 제시는 비전을 품는 이에게 효과적인 동기를 부여하고 곧이어 실행을 촉진한다. 따라서 분명한 그림은 실천 가능성을 포함한다.

전달의 효과　　　　　　　분명한 그림은 많은 사람의 공감을 유도하고, 그림을 효과적으로 전달한다. 분명한 그림의 효과적 전달은 비전을 공유할 수 있게 한다. 그리고 같은 그룹에 속한 사람들에게 확실한 동기 부여와 원하는 방향으로 그룹을 이끌어 가는 효과를 가져온다.

부정적 요소

가변성　　　　　　　　그림이 분명할지라도 그림을 품고 그리는
사람은 환경과 처지에 따라 생각과 마음이 변하게 마련이다. 이는 분명
한 그림도 사람의 환경에 따라 변할 수 있음을 의미한다. 그래서 시각적
한계를 자연스럽게 가질 수밖에 없다.

시각적 한계　　　　　　시카고 시내에 있는 드폴 대학 도서관 로
비에 가면 전 세계 사람들이 그린 예수님의 초상이 걸려 있다. 재미있는
것은 예수님이 각 나라와 인종에 따라 다르게 묘사되었다는 점이다. 인
디언은 추장 예수님으로, 흑인은 흑인 예수님으로, 한국인은 도포를 입은
예수님으로, 서양인은 서양인 예수님으로 각각 다르게 표현했음을 알 수
있다. 이는 우리가 들어서만 알던 예수님의 상이 그림으로 표현될 때 각
자가 처한 상황에 따라 다르게 인식됨을 보여 준다.

창의성 결여　　　　　　이미 규정된 바를 보는 것은 우리의 상상
력과 창의력을 제한한다. 어릴 때 예수님에 대한 이야기를 듣기만 하다
가, 어느 날 예수님에 대한 영화를 보았을 때 상당히 실망한 경험이 있
다. 이는 머릿속에 상상하며 그렸던 예수님의 모습이 영화에서 나오는
예수님의 모습과 큰 차이가 났기 때문이다. 이때 상상 속에 있던 예수님
의 상이 많이 깨어졌다. 이처럼 시각적 형상화는 풍성하고 다양한 창의

성을 제한한다.

비전의 획일화　　　　　　　시각적 한계가 유발하는 위험성 가운데
하나는 비전의 획일성이다. 때로 어떤 사람이 가지고 있는 멋있는 그림
은 다른 사람들의 시각을 자극한다. 그리고 다른 이들도 유사한 그림을
갖도록 부추긴다. 이러한 현상은 자칫 각 사람마다 자신의 내면에 가지
고 있는 독특한 부분을 보지 못하게 하고, 그 가치를 제대로 발견하지도
못하게 한다. 사람에 따라서는 마냥 다른 사람의 그림이 좋아 보여 부러
워하거나 다른 사람의 인생 그림을 따라 그리고 싶은 마음이 들 수도 있
다.

6 | 우리를 특별하게(unique) 바라보는 하나님의 독특한 시선

인생은 산이 아니라 사막이다

많은 청년이 비전으로 고민하는 이유가 무엇인가? 이는 고등학생 때까지 경험한 인생과 청년 시기의 인생이 다른 국면에 처해 있기 때문이다. 청년 시기에 들어서면 인생을 바라보는 관점을 새롭게 할 필요가 있다. 적어도 고등학생 때까지는 자신의 앞길이 사회적으로나 제도적으로 정해져 있어 비전에 대해 심각하게 고민할 필요가 없었다. 유아기 때는 앞으로 학교에 들어가야 한다는 진로가 정해져 있고 어느 정도 시간이 지나야 초등학교에 들어갔다. 그러다 초등학교를 졸업하면 중학교를 가야 했고 그 이후에는 고등학교에 가야 했다. 또 열심히 공부해 수능 시험을 준비해 대학에 가거나 사회생활을 시작한다. 이때까지만 해도 인생은 별다른 고민 없이 가야 할 길이 정해져 있다. 비록 그동안 자신이 학교에서 공부하며 걸어온 길이 시험이라는 제도에 의해 1등부터 수백 등까지 순위가 매겨져 평가받았기 때문에 목표 달성에 대한 스트레스는 많았지만, 적어도 가야 할 길에 대해선 뚜렷한 목표가 정해져 있어 앞을 분명히 내다볼 수 있었을 것이다.

그러나 대학교에 진학하거나 사회생활을 시작하면 상황은 달라진다. 그동안 사회적으로 정해져 있어 또렷이 볼 수 있었던 목표가 이 시기에 들어서면 점점 흐릿해진다. 왜 그러한가? 이때부터 자신의 인생이 자신만의 고유한 색깔을 띠며 수없이 다양하게 펼쳐지기 때문이다. 성취해야 할 목표도, 평가받는 방식도 달라진다. 그동안은 주로 지적 능력과 암기력으로 평가받았던 것이 이제 감성적 능력이나 인간관계로 평가받는다. 어떤 길의 경우는 평가 자체가 아예 없다. 그야말로 수없이 다양한 길이 펼쳐져 있는 것이다. 이때 많은 청년들은 당황한다. 이때부터 이들은 인생을 '산'으로서가 아니라 '사막'으로서 직면하기 시작한다.

20대의 젊은 나이에 세계 최대 사막인 사하라 사막을 횡단했던 스티브 도나휴는 《사막을 건너는 여섯 가지 방법》이란 책을 통해, 우리에게 유용한 통찰력을 보여 준다. 그는 인생을 산이 아닌 사막으로 볼 것을 제시한다. 산을 오르는 자에게는 분명한 목표가 있다. 바로 정상이다. 정상이라는 목표가 있기에 거기에 도달하는 코스도 예측할 수 있고, 각 코스에 따른 소요 시간과 등정 방법도 예측할 수 있다. 산을 등정할 때 쓰는 지도는 거의 정확하게 우리를 정상까지 안내해 준다. 산을 탈 때는 얼마나 준비가 잘 되어 있는지, 계획은 잘 세웠는지, 그리고 경험이 있는지의 여부에 따라 결과가 크게 달라진다.[20]

그러나 사막은 이와 전혀 다르다. 사막은 예측 불가능하고 모든 것이

---

20) 스티브 도나휴 저, 고상숙 역,《사막을 건너는 여섯 가지 방법》(서울: 김영사, 2005), 22쪽.

불확실하다. 사막에서는 분명한 지도가 없다. 설사 정확한 지도를 갖고 출발한다 하더라도 사막에 모래바람이 불어 닥치면 순식간에 모든 지형이 바뀌고 만다. 그래서 때로는 길을 잃기도 하고, 오도 가도 못하는 신세가 되었다가 신기루를 쫓기도 한다. 이러한 사막에서는 끝이 보이지 않는다. 또 사막이라는 대자연 앞에 인간의 경험이나 준비는 성공을 보장하지 못한다. 아무리 몸을 가려도 모래폭풍이 몰아치면 모래가 사정없이 몸으로 파고들어 우리를 괴롭힌다. 사막 앞에서 사람은 무력함을 느낄 수밖에 없다. 그러기에 많은 사람들은 불확실한 사막을 가기보다 분명한 목표가 있는 산을 오르려 한다. 그런데 한 가지 오해하지 말아야 할 것은, 사막에도 산이 있다는 사실이다. 사하라 사막에는 알제리의 아하가르 산맥, 리비아와 차드의 테베스티 산맥, 니제르의 아이르 산맥 등 멋진 산맥들이 있다.[21]

이러한 사실은 인생에 견줄 좋은 비유가 될 수 있다. 우리는 그동안 살면서 초등학교, 중학교, 고등학교, 대학교 등 인생에서 정복해야 할 정상을 바라보며 살아왔다. 그러나 이 산을 차례로 하나씩 정복하고 나면 그 다음부터는 드넓은 사막이 펼쳐진다. 인적도 없고, 사람들이 찾지도 않고, 불확실성투성이인 곳에 내던져진다. 중요한 점은, 사막을 건널 때와 산을 탈 때는 걷는 방법이 달라야 한다는 것이다. 등산할 때는 등산화를 신어야겠지만, 등산화를 신고 모래가 끝없이 쌓인 뜨거운 사막을 건너면

---

21) 위의 책, 29쪽.

발에 물집만 생길 뿐이다. 사막에서는 힘차게 걷던 발걸음에 힘을 좀 빼야 한다. 어깨에 졌던 짐도 이제는 좀 내려놓아야 한다. 사막의 지형은 변화무쌍하기에 지도를 볼 것이 아니라 정확한 방향을 가르쳐 주는 나침반을 봐야 한다. 때로 오아시스를 만나면 쉬어 갈 줄도 알아야 한다. 이전에는 산의 정상만을 중요시해 오직 정상만을 목표로 삼아 달려왔다면, 이제는 사막 전체를 온몸으로 경험하는 자세로, 사막을 건너는 과정 자체를 배우는 자세로 건너야 한다. 물론 사막을 건너다 보면 때로 넘어야 할 산이 있다. 그 산을 넘어야 할 때는 정상을 향해 최선을 다해 등반해야 하지만, 그 산을 넘어선 이후로는 항상 사막 전체를 품으며 여행할 수 있어야 한다.

우리는 비전에 익숙하다. 그래서 인생에서 더 이상 산이 아닌 사막이 펼쳐질 때 당황한다. 비전이 흐려져 시야에서 사라지기 때문이다. 다른 한편으로 사막은 하나님이 우리를 통해 만들어 가실 매우 독특하고 창의적인 인생 여정을 의미하기도 한다. 하나님은 다른 모든 사람이 추구하려는 정상을 향해서만 우리를 인도하시지 않는다. 오히려 스스로의 계획과 준비가 별 소용이 없는 사막과 같은 곳에서, 우리가 모든 것을 기꺼이 내려놓을 때 우리 자신의 인생을 아름답고 독특하게 인도해 가신다.

다양한 인생을 향한 하나님의 독특한 시선

비전을 고려할 때 중요한 것은, 자신의 시선이 아니라 하나님의 시선이다. 하나님의 시선은 주변 환경에 좌우되지 않는다. 하나님의 시선은 산의 정상만을 바라보던 우리의 좁은 가시 범위를 뛰어넘는다. 하나님은 우리 인생을 그분의 그림에 따라 인도하신다. 하나님이 우리 각자의 인생을 향해 갖고 계신 그림은 저마다 다르고 독특하고 특별하다. 우리는 다른 사람들이 갖고 있는 멋진 비전이 있으면 이를 부러워하고 따라가려고 한다. 그러나 하나님은 우리의 인생을 향한 하나님의 독특한 그림이 있기에 다른 이와 비교하지 말라고 하신다. 하나님은 우리 각자를 독특하고(special) 유일하게(unique) 바라보시기 때문이다. 획일화된 그림은 우리를 세상이 지향하는 성공으로 안내하려고 하지만, 하나님의 시선은 비록 좁더라도 그분의 길을 따라가는 것을 기뻐하신다. 미국의 찬양 인도자 토미 워커는 그가 지은 찬양 〈I have a Maker〉에서 이러한 하나님의 모습을 잘 표현하고 있다. 그 가사를 한번 음미해 보자.

I have a Maker

He formed my heart

Even before time began, my life was in His hand

I have a Father

He calls me His own

He will never leave me no matter where I go

He knows my name

He knows my every thought

He sees each tear that falls and He hears me when I call

나를 지으신 주님

내 안에 계셔

처음부터 내 삶은 그의 손에 있었죠

내 이름 아시죠

내 모든 생각도

내 흐르는 눈물 그가 닦아 주셨죠

그는 내 아버지

난 그의 소유

내가 어딜 가든지 날 떠나지 않죠

내 이름 아시죠

내 모든 생각도

아바라 부를 때 그가 들으시죠

－천관웅 번안(원문과 차이 있음)

이 가사처럼 하나님은 한 사람 한 사람에 대해 깊은 관심과 사랑을 갖고 이름을 부르며 지극한 마음으로 바라보신다. 이사야 49장 5절에서는 다음과 같이 말씀하고 있다.

> 나는 여호와의 보시기에 존귀한 자라. 나의 하나님이 나의 힘이 되셨도다

그렇다! 하나님이 보시기에 우리 각자는 하나님 앞에 특별한 존재다. 하나님은 우리 각 사람의 이름을 하나님의 손바닥에 새기고 계실 정도다(사 49:16). 하나님은 우리 각자의 머리털까지 다 세신 바 되었다(눅 12:7). 이는 하나님이 다른 사람이 아닌 바로 '나' 한 사람에게 커다란 관심을 갖고 계심을 의미한다. 뿐만 아니라 하나님은 우리의 인생을 향한 계획을 갖고 계신다. 예레미야 29장 11절에서 하나님은 "너희를 향한 나의 생각(I have a plan for you-NIV)이 있다"고 말씀하신다. 하나님은 그 계획에 따라 우리의 인생을 인도하신다. 그러나 그 방식은 앞서 언급했듯이 그동안 우리가 생각했던 비전과는 다를 수 있다.

여기서 기억해야 할 중요한 것이 있다. 우리의 연약한 능력은 한계가 있기에 하나님의 시선에 미치지 못하고 하나님의 계획을 제대로 이해하지도 못한다는 점이다. 우리는 하나님이 우리 인생 전체에 갖고 계신 멋진 그림 중 극히 일부의 퍼즐 조각만을 겨우 이해할 수 있을 뿐이다. 때로 조금 아는 것으로 마치 하나님의 계획을 전부 아는 양 자신의 인생을

보이지 않는 비전

단정적으로 결정하기도 한다. 그러나 시간이 지나면서 그것이 전부가 아님을 깨달으며 혼란스러워한다. 이런 인간의 혼란함을 아셨기에 하나님은 보이는 비전을 좇아가는 우리에게, 그것을 좇아가지 말고 보이지 않는 비전을 따를 것을 요청하신다.

토의 질문

1. 그동안 비전의 문제를 놓고 고민하며 기도할 때 어떤 어려운 점이 있었는가?

2. 창세기 12장 1절과 히브리서 11장 8절을 읽어 보자. 하나님이 그동안 내 삶을 인도해 오신 방식에서 이와 비슷한 경험을 한 적이 있는가?

3. 하나님이 인생에서 나의 시선을 가리시는 이유가 무엇이라고 생각하는가? 이것이 비전을 추구하는 데 있어서 중요한 이유는 무엇인가?

4. 오늘날 우리로 하여금 비전에 열광케 하는 요소들로는 무엇이 있는가? 나는 이 가운데 어떤 것에서 가장 많이 영향 받고 있는가?

5. 앞서 우리는 비전 형성 점검표를 채워 보았다. 그 점검표를 토대 삼아 그동안 나의 비전은 어떤 방식으로 발전해 왔고, 어떤 영향을 많이 받았는지 서로 이야기를 나누어 보자.

6. 나는 지금까지 인생을 산으로 바라보았는가, 아니면 사막으로 바라보았는가? 그동안 내가 바라보았던 관점이 비전 형성에 어떤 영향을 끼쳤는가?

7. 하나님이 '나' 한 사람의 인생을 독특하게 바라보고 계시다는 것이, 비전 문제를 놓고 고민하는 데 어떤 의미를 주는가?

 내 인생에 비전이 보인다

성경은 비전을 무엇이라 하는가

1 | 우리가 알고 있는 비전, 성경에는 없다

그동안 우리는 비전을 시각에 관련된 것, 즉 장래에 관한 청사진을 미리 그려 보거나 앞으로의 계획에 관해 미리 볼 수 있는 통찰력으로 정의했다. 그리고 이러한 정의에 근거해 오늘날 비전에 관련된 여러 현상을 살펴보았다. 그러나 비전은 여전히 많은 청년에게 혼란스러운 개념이다. 많은 청년에게 '비전'이 무엇이라고 생각하는지 물으면 명확하게 대답하지 못한다. 또 대답하는 경우에도 사람마다 그 정의가 다르다.

신앙생활에서 '비전'처럼 많이 회자되고 있는 단어도 없지만, 다른 한편 '비전'처럼 혼란스런 단어도 없는 것 같다. 왜 그럴까? 그 이유는 오늘날 우리가 의미하는 '비전'이라는 개념이 성경에 없기 때문이다. 따라서 '비전'을 성경에 근거해 오늘의 우리가 이해하는 개념으로 명확하게 풀어 놓기는 쉽지 않다. 이는 일반적인 비전의 의미와 성경이 말하는 것에는 커다란 차이가 있기 때문이다. 그렇다고 해서 일반적인 비전 개념을 그대로 갖고 성경의 사례로 증거 자료를 삼아 적당히 끼워 맞춰 합리화시킬 수도 없다. 그렇다면 우리는 비전을 어떻게 이해해야 할까? 우리는 '비전'의 개념을 신앙적으로 잘 정리하고, 성경적으로 바르게 이해할 수 있는 기초를 세우는 것이 필요하다.

우리가 알고 있는 비전, 성경에는 없다?!

과연 성경은 비전을 말하고 있는가? 앞서 언급했듯이 한글 성경에는 '비전'이라는 단어가 나오지 않는다. 다만 영어 성경에 오늘날 우리가 말하는 '비전'(vision)이 몇 군데 등장할 뿐이다. 사실 비전에 관해 말하고 있는 여러 책이 종종 이런 영어 구절을 인용해 비전의 필요성을 역설하곤 한다. 그러나 이러한 구절이 오늘날 우리가 말하는 비전을 의미하고 있는 것인지에 대해서는 주의 깊은 검토가 필요하다. 과연 영어 성경에 나오는 '비전'은 무슨 의미로 사용되었을까? 여기서는 영어 성경에 나오는 '비전'의 용례들을 차례대로 살펴보고, 사용된 비전의 의미가 무엇인지 추적해 보고자 한다.

구약에서의 비전

먼저 비전에 관해 가장 자주 인용되는 잠언 29장 18절을 살펴보자.

> 묵시가 없으면 백성이 방자히 행하거니와 율법을 지키는 자는 복이 있느니라

여기서 말하는 '묵시'는 영어 성경에 '비전'(vision—NASB, KJV)이라고 번역되어 있다. 즉, '묵시'란 종말에 일어날 환상 혹은 그 가운데 나타난 하나님의 뜻을 하나님이 계시해 주심을 의미한다. 그런데 이 '묵시'를 요

즈음 우리가 말하는 '앞으로의 계획' 혹은 '통찰력'을 의미하는 '비전'으로 정의하기에는 무리가 따른다.

그렇다면 여기서 '비전'이 의미하는 바는 무엇일까? 다른 영어 번역본에서는 '비전'을 다르게 표현히고 있다. 성경미다 조금씩 차이가 나지만, 주로 '예언'(prophecy-NRSV) 혹은 '계시'(revelation-NIV, NKJV)로 번역했다. 이렇듯 묵시는 '비전'으로, '예언'으로, '계시'로도 번역될 수 있는 단어다. 그러면 이 단어들이 의미하는 원래의 뜻은 무엇일까? 잠언 29장 18절에 나오는 '비전' 혹은 '묵시'에 해당되는 히브리 단어는 '하존'(חָזוֹן)이다. 이 단어는 본시 예언자들이 예언할 때 받는 계시나 환상 등을 언급할 때 사용한다. 따라서 잠언 29장 18절에서 말하는 '묵시' 혹은 '비전'은, 예언자들이 예언을 하기 위해 하나님께 받는 계시 혹은 초자연적 이상이나 환상 등을 말한다.[1] 이런 의미에서 '하존'은 비전보다 '묵시' 또는 '계시'가 원뜻에 더 가까운 번역이라 할 수 있다. 즉, 잠언 29장 18절의 의미는 하나님이 주시는 계시나 예언의 말씀 또는 환상을 통한 경고의 메시지가 없으면 이스라엘 백성이 타락한다는 것이다. 이는 이스라엘 백성의 정체성인 하나님에게서 오는 말씀, 율법 혹은 음성과 밀접한 관련이 있다.

또한 잠언 29장 18절 말씀은 '묵시'가 '율법'과 교환 가능한 의미로 사

---

1) R. E. Murphy, *Proverbs*, WBC 22(Nashville: Thomas Nelson, 1998), 222-223쪽; *The New Interpreter's Bible vol. V*(Nashville: Abingdon, 1997), 244쪽; 이상근 저, 《잠언·전도·아가》(대구: 성등사, 1994), 203-204쪽.

 내 인생에 비전이 보인다

용될 수 있음을 보여 준다. 18절 상반부의 '묵시가 없으면 백성이 방자히 행하거니와'에 이어, 하반부에 나오는 '율법을 지키는 자는 복이 있느니라'는 말씀에서 '율법'은 상반부의 '묵시'와 대구를 이룬다. 이 구절이 의미하는 바는 예언, 묵시 등을 통해 하나님의 뜻이 전달되는 말씀이 없으면 백성이 마음대로 행하고 타락하지만, 하나님의 말씀을 붙잡으면 백성이 복을 받는다는 것이다. 이런 의미에서 말씀, 음성과 관계되는 묵시(vision)는 오늘날 우리가 말하는 '비전'과는 거리가 있다.

잠언 29장 18절 다음으로 많이 인용되는 성경구절은 요엘 2장 28절이다.

> 그 후에 내가 내 신을 만민에게 부어 주리니 너희 자녀들이 장래 일을 말할 것이며 너희 늙은이는 꿈을 꾸며 너희 젊은이는 이상을 볼 것이며

여기서 젊은이가 보는 '이상'은 흔히 비전으로 해석되어 강조되곤 한다. 영어 성경 대부분—NIV, NRSV, NASB, KJV, NKJV—이 '이상'을 비전(vision)으로 번역한다. 많은 청년이 이 말씀을 성령님이 임하시면 비전을 품을 수 있을 것이라는 의미로 받아들인다. 그래서 그들은 성령을 받고, 비전을 받기 위해 열심히 기도한다. 그렇다면 여기서 말하는 비전은 무엇을 의미할까? 앞서 정의한 일반적 의미의 비전, 즉 '눈에 보이지 않는 것을 볼 수 있는 통찰력'을 의미하는가? 그렇지 않다. 여기서는

묵시적 환상을 나타내는 의미에 더 가깝다. 요엘서에 나오는 '이상'에 해당하는 히브리어는 '히자욘'(חִזָּיוֹן)이라는 단어다. 이는 잠언 29장 18절에 사용된 '하존'이라는 히브리어와 같은 어원을 가지고 있으며, 그 의미 역시 '하존'과 동일하다. 즉, 요엘 2장 28절에서 말하는 비전의 의미는 잠언 29장 18절에서 의미하는 바와 같다. 이는 앞으로 일어날 일에 대한 환상 혹은 묵시를 의미한다. 다시 말해 말세에 성령님이 임하면 하나님이 예전에 예언자에게 준 것과 같은 종말론적 계시를 젊은이들에게 주신다는 것이다.

'계시' 혹은 '이상'의 의미 때문에 '하존'은 여러 종말적 묵시를 포함하는 예언서의 서두에 명사나 동사의 형태로 자주 사용된다. 그 예를 열거하면 다음과 같다.

- 유다 왕 웃시야와 요담과 아하스와 히스기야 시대에 아모스의 아들 이사야가 유다와 예루살렘에 대하여 본 **이상**이라(사 1:1).
- 오바댜의 **묵시**라(옵 1:1).
- 니느웨에 대한 중한 경고 곧 엘고스 사람 나훔의 **묵시**의 글이라(나 1:1).
- 유다 왕 웃시야의 시대 곧 이스라엘 왕 요아스의 아들 여로보암의 시대의 지진 전 이 년에 드고아 목자 중 아모스가 이스라엘에 대하여 **묵시** 받은 말씀이라(암 1:1).
- 유다 열왕 요담과 아하스와 히스기야 시대에 모레셋 사람 미가

에게 임한 여호와의 말씀 곧 사마리아와 예루살렘에 관한 **묵시**
라(미 1:1).

여기서 '이상' 혹은 '묵시'는 예언자들의 환상 혹은 계시를 의미한다.[2] 이처럼 구약성경에서 사용되는 '비전'은 오늘날의 비전과 그 의미가 다르다.

신약에서의 비전

구약과 마찬가지로 한글 신약성경에도 '비전'이라는 단어가 사용되지 않는다. 그러나 구약과 마찬가지로 영어 성경—NIV, NRSV—에는 비전(vision)이라는 단어가 몇 차례 사용된다. 그 용례를 살펴보면 공관복음서에는 누가복음 1장 22절에서 사가랴가 본 환상, 사도행전 9장 10절과 10장 17절 등에 사도들이 경험하는 환상이 있다. 그 밖에도 요한계시록 9장 17절에서 보는 환상에도 사용된다. 결국 신약에서의 '비전' 역시 구약에서 사용되는 이상, 묵시, 계시, 환상 등의 의미와 동일한 용법으로 사용됨을 알 수 있다. 주목할 것은 이러한 '비전'을 경험하는 사건에는

---

2) 환상 혹은 계시는 분명 시각적 요소와 음성적 요소가 혼재하는 측면이 있다. 그러나 성경에는 시각적 요소를 반드시 말씀(음성)으로 해석하는 작업이 일어난다. 즉, 음성이 없는 비전은 의미 없는 허상이 되기 쉽다. 이에 대한 구체적 논의는 3장을 참조하라.

반드시 그 의미를 설명하는 하나님의 계시적 말씀이 등장한다는 점이다. 사가랴가 이상 중에 본 천사는 하나님의 말씀을 전한다(눅 1:12-20). 아나니아는 환상 중에 주의 음성을 듣는다(행 9:10). 여기서는 아나니아가 환상 중에 무엇을 보았는지 설명하지 않고, 주의 음성을 듣는 사건만 보여 준다. 즉, '환상'이 단순히 보는 것을 넘어 본질적으로 하나님의 뜻과 말씀을 전하는 역할을 하고 있음을 드러낸다. 베드로 역시 부정한 음식이 가득 담긴 보자기가 내려오는 환상 중에 주의 음성을 듣는다(행 10:9-16). 이처럼 신약에 나타난 비전 사건에는 반드시 하나님의 음성 사건이 일어난다.

이상의 관찰을 종합하면 우리가 알고 있는 것과는 다른 결론이 나온다. 즉, 성경에서 의미하는 비전은 오늘날 우리가 의미하는 비전과 다르다는 점이다. '비전'이라는 용어는 엄밀한 의미에서 성경적 개념이 아닌 것이다. 우리가 자주 듣고 알고 있는 비전은 성경에서 사용되는 묵시적 의미에서 발전해 한 개인이나 그룹의 미래를 이끌어 갈 수 있는 통찰력 있는 분명한 그림이라는 의미로 확장된 것이라 이해할 수 있다.

2 | 비전은 어디에서 비롯되는가

한 사람이 그 시대를 이끌어 갈 수 있는 비전을 품기 위해서는 그 시대를 꿰뚫어 볼 수 있는 탁월한 역량과 통찰력이 요구된다. 또 이를 위한 많은 학습과 경험이 필요하다. 이는 보통 사람의 역량으로는 부담스러운 부분이 아닐 수 없다. 삼성전자가 반도체 사업에 본격적으로 뛰어들기로 결심한 것은 삼성그룹 이건희 회장의 탁월한 통찰력 때문이었다. 1970년대에 그가 이런 결단을 내리지 않았다면 자칫 우리나라의 주력 산업 하나를 잃어버릴 뻔했다. 그에게는 회사와 나라의 미래를 내다볼 수 있는 비전이 있었던 것이다. 이는 분명 보통 사람으로서는 쉽게 가질 수 없는 부분이다.

그러나 이러한 비전은 지금까지 생각해 왔던 비전과 차이가 있다. 그 차이점은 비전의 출처를 어디로 보느냐에 관한 것이다. 우리가 생각하고 기대했던 비전은 그 출처가 전적으로 하나님이지만, 일반적 의미의 비전은 그 출처가 한 개인이나 공동체의 역량에 달려 있다. 이처럼 이 둘의 차이는 크다.

비전에 관해 생각할 때, 많은 청년이 당혹스러워하는 부분이 있다. 그것은 신앙을 떠나 일반적으로 정의하는 비전에는 신앙적 요소가 없다는 점이다. 그래서 청년들은 하나님이 주시는 비전을 품으려고 기도한다. 여기에는 내가 품으면 나 자신의 욕심이 투영되기에 제대로 된 비전이 아니고, 하나님이 주시는 비전이어야만 온전한 비전이 될 수 있다는 전제가 있다.

앞서 문제 제기를 했듯 참된 비전이 하나님에게서 온다고 할 때 청년들은 혼란스러워한다. 왜 그러할까? 가만히 살펴보면 일반적으로 생각하는 비전이 단지 그 출처만 다를 뿐, 그 내용이 의미하는 바가 기본적으로 유사하기 때문이다. 스스로도 비전을 품을 수 있을 것 같은데, 하나님에게서 오는 비전을 품어야 한다고 하니 자신의 비전을 잘못된 것으로 생각하기 쉽다. 자신의 자유의지와 판단은 일단 뒤로 유보하고 하나님이 일방적으로 주시는 것을 기다려야 한다고 여긴다. 이러한 생각은 청년들에게 '바람직한 비전은 미래에 자신의 바람직한 모습이 계시나 환상 같은 요소를 통해 초자연적으로 주어지는 것'이라고 여기게 한다.

비전이 초자연적 계시로부터 주어진다고 할 때, 청년들은 종종 자신이 마음속에 품고 있는 소망이나 장래에 이루고 싶은 일을 부질없는 것으로 치부해 버린다. 자신이 소망하는 것이 하나님의 비전이 되기에 적절하지 않다고 생각하는 것이다. 흔히 비전의 사람으로 예를 드는 성경의 인물들 혹은 역사의 인물들을 보라. 그들은 모두 보통 사람으로는 상상도 못할 위대하고 숭고한 일을 하지 않았는가? 그러나 지금 자신이 갖고 있는 꿈은 어떠한가? 그저 자신만 잘되기를 바라는 것이 참 많다. 그런 자신의 비전은 위대함과는 거리가 먼 것 같다. 그렇다고 자신이 갖고 싶은 비전이 그렇게 거룩해 보이지도 않는다. 아마도 하나님의 비전이 아닌 것 같다. 그러면 어떻게 해야 할까? 다시 직통계시를 통해 직접적으로 비전을 보여 달라고 하나님께 기도해야 할까?

비전에 대해 무엇인가 잘못 정립되어 있다. 그러나 실제로 많은 청년이 혼란스런 비전의 정의에 기초해 자신의 비전을 고민하고 있다.

3 | 청년들이 고민하는 비전의 유형

청년들이 고민하는 비전의 문제로는 구체적으로 다음과 같은 유형이 있다.

먼저, 비전을 자신의 진로에 관한 문제로 생각한다. 청년들은 자신이 무엇을 하며 어떻게 살아야 할지 고민한다. 이를 보다 구체적으로 말하면 직장과 진로에 관한 것이다. 군대에서 제대가 가까운 말년 병장들은 밤잠을 설치면서까지 이 문제로 고민한다. 또 졸업이 가까운 대학생들에게도 '과연 내가 무엇을 하면서 살아야 할까?'는 매우 심각한 고민으로 다가온다.

이러한 고민에는 두 가지 유형이 있다. 하나는 자신이 선택할 수 있는 것이 여럿 있는 가운데 고민하는 유형이고, 또 다른 하나는 선택할 것이 없어서 무엇을 찾아야 하는지 고민하는 경우다. 선택할 것이 많은 청년의 경우는, 자신이 추구하는 인생의 방향이 무엇인지 분별하고 이에 충실해서 선택할 수 있는 가능성이 있다. 그러나 선택할 것이 별로 없는 경우는, 자신의 희망과 상관없이 주변 환경에 떠밀려서 어쩔 수 없는 일을 하게 되는 경우도 많다.

둘째, 많은 청년이 비전을 자신의 삶에서 성취하고 싶은 다양한 목표로 생각한다. 우리의 인생에는 다양한 신체적 욕구, 지적 욕구, 정서적 욕구, 영적 욕구가 있다. 어떤 이들은 생존을 위한 육체적 목표를 자신의 비전으로 생각하기도 하고, 어떤 이들은 이것을 뛰어넘어 자신의 성장과 발전을 추구하는 건설적인 목표를 비전으로 삼는다. 어떤 이들은 삶의 자유, 안정감 등 정서적 가치를 중요하게 생각한다. 또한 자신을 뛰어넘어 다른 이들에게 무엇인가 소중한 지적, 정신적 유산을 남기는 것이 목표인 사람도 있다. 이러한 다양한 목표는 자신에게 주어진 사회—가정, 학교, 직장 등—에서의 여러 역할을 통해 성취할 수 있으며 삶의 여러 측면에 풍성한 의미를 가져다준다.

셋째, 직통계시다. 많은 청년이 목표하는 비전에 대해 확신이 없고 불안해한다. 여기에 과연 하나님의 뜻이 있을지, 혹 자신의 욕심으로 세운 목표가 아닌지, 목표를 성취할 능력이 과연 자신에게 있는지 등을 고민한다. 그들에게는 모든 것이 불확실한 것같이 느껴진다. 이럴 때 그들이 기대하는 것은 불안함을 제거하고, 가장 확실할 것 같은 하나님에게서 오는 비전을 받는 것이다. 비전이 마치 이사야의 환상같이 자신에게 펼쳐진다면 이것처럼 확실한 것이 어디 있겠는가? 그래서 많은 청년이 비전을 보여 달라고 기도한다. 자신이 일생토록 따라 살 비전을 알려 달라고 기도하는 것이다.

그러나 매우 특별한 경우를 제외하고 직통계시로 비전을 받는 경우는 드물다. 우리는 직통계시로 비전이 오지 않는다고 해서 불안해할 필요가 없다. 왜 그런가? 성경의 많은 인물도 비전을 보지 못했기 때문이다. 사사기의 갈렙을 생각해 보라. 그는 환상을 보고 "이 산지를 내게 주소서"라고 하지 않았다. 그는 믿음을 잃지 않고 예전에 주신 하나님의 말씀을 붙잡고 있었기에 요청했던 것이다. 설사 직통계시를 원해서 자신의 비전이 계시적으로 보인다고 해도, 그 이후에 과연 이것이 징말 하나님에게서 온 것인지 분별할 필요가 있다. 환상을 경험한 청년들 중 이런 환영이 자신이 상상해서 만들어 낸 것은 아닌지 혼동하고 의심하는 경우가 많다. 그래서 이러한 계시에는 영적 분별력이 있어야 한다.

직통계시를 근거로 삼는 비전이 가지고 있는 특징이 있다.

먼저 이러한 비전은 만약 자신이 갖기만 한다면 확실성을 보증한다. 자신의 진로가 분명히 결정되고, 더구나 직장까지 구해진다고 생각해 보라. 얼마나 마음에 안정감이 들겠는가? 이러한 안정감은 더 나아가 다른 일에 신경 쓰지 않고 자신에게 주어진 일에 효과적으로 집중할 수 있게 한다. 비전이 무엇인지 고민하고 혼란스러울 때는 종종 일이 손에 잡히지 않고 불안하다. 그러나 직통계시를 근거로 삼는 비전이 일단 자신에게 분명히 있으면 혼란스러운 것들이 조정되고 생활이 안정된다.

둘째, 비전의 출처가 하나님이어야 한다는 전제가 있다. 그리스도인은 자신의 진로든지, 인생의 목표든지 하나님이 정확하게 알려 주셔야 한다고 생각한다. 그러나 우리의 힘으로 선택할 수 있는 상황도 얼마든지 있다. 이 부분이 사실 우리를 혼란스럽게 한다. 우리는 종종 지금 하는 일에 대한 특별한 하나님의 확증이 없기에, 하나님이 정말 원하시는 일이 아니라고 생각한다. 어떤 이는 자신 안에 재능과 열정이 있는데도 이것은 하나님이 원하시는 것이 아니라는 생각에, 자신과 맞지 않는 다른 길을 가기도 한다.

셋째, 단기적으로 비전을 얻을 수 있다는 전제가 있다. 많은 청년이 하나님에게 비전을 보여 달라고 직통계시를 구하는 것은, 가능한 한 자신의 불확실성에서 빨리 탈출하고 싶기 때문이다. 그들은 고민과 불확실성 안에 있는 것을 싫어한다. 그러나 하나님은 때때로 자신의 종을 훈련시키고 비전의 사람으로 만들 때, 불확실성 속으로 내던지셨다. 다윗을 보라. 골리앗을 물리치고 승승장구하던 그가 사울 왕에게 미움을 받아 광야에 내던져져 10여 년간 불확실성과 생명의 위협을 견디며 도망 다니지 않았는가? 그러나 우리는 그와 같은 불확실성의 기간을 견디기 힘들어한다. 많은 청년이 불확실성의 기간을 건너뛰기 위해서라도 비전을 빨리 소유하기 원한다.

이러한 비전의 특성은 많은 청년이 고민하는 비전의 문제가 성경에서 말하는 비전과 일반적 의미의 비전 개념이 혼합된 상태에다가 한국인의 특성이 결합되어 나타나는 것임을 보여 준다. 다수의 청년들은 성경의 계시 사건처럼 하나님이 비전을 직접 주셔야 한다고 여긴다. 또한 그들은 동시에 다른 사람이 보기에도 확실하고 뛰어난 멋진 그림이기를 바란다. 그리고 멋진 그림을 별다른 노력 없이 기도를 통해 직접적으로 빨리 얻기를 바란다. 그래야 자신의 삶이 비전의 확실성을 붙잡고 빨리 안정을 취할 수 있기 때문이다.

그러나 확실하게 안정을 가져다주는 비전은 성경이 원래 의도하는 바와 거리가 멀며 우리 자신의 바람에 따라 형성된 개념일 경우가 많다.
따라서 우리는 자신의 미래에 대해 성경에 기초한 건강한 개념을 세울
필요가 있다.

4 | 신앙적 비전을 어떻게 찾을 수 있을까?

이제 우리는 성경에 근거한 건강한 신앙적 비전의 개념을 세우는 작업을 할 것이다. 앞서 살펴보았듯이 성경에서 비전에 대해 정확하게 명시하는 부분이 없다면, 우리는 건강한 신앙적 비전 개념을 어떻게 세울 수 있을까? 이를 위해 우리가 고려해야 할 점이 있다.

먼저 생각할 것은, 비전이 반드시 하나님이 주셔야 하는지에 대한 문제다. 한번 생각해 보자. 과연 비전은 하나님으로부터 오는가? 가만히 생각해 보면 반드시 그런 것은 아니다. 역사상 위대한 일을 한 인물들 가운데는 하나님을 모르는 사람도 많았기 때문이다. 예를 들어, 인도의 비폭력 투쟁을 이끈 간디를 보자. 그는 인도 독립에 대한 비전을 품고 인도 전역에 걸쳐 비폭력 운동을 이끌어 마침내 독립을 쟁취했다. 그는 원대한 비전을 품었던 대표적인 사람으로 많이 거론되지만, 그리스도인은 아니었다. 또 잘 알려진 여러 대기업의 최고 경영자들은 회사에 대한 비전을 갖고 있다. 물론 이들의 종교적 배경은 기독교, 불교, 뉴에이지 등 각각 다르다. 이들의 비전은 과연 하나님에게서 온 것인가? 그렇지 않다. 이렇게 조금만 생각해 보면, 비전의 출처가 하나님이 아닌 경우도 있음을 발견할 수 있다. 즉, 비전은 그리스도인만의 전유물이 아니다.

훌륭한 비전은 종종 그 사람이 품고 있는 선(善)에 대한 강렬한 내적 충동에서 출발한다. 즉, 비전의 출처는 하나님이 아닌 자신에게서 시작될 수도 있다. 이러한 개념은 신앙적 개념의 비전과 정면으로 충돌되는 깃이 아닌가? 그렇다면 그리스도인의 비전은 제대로 된 비전이고, 불신자의 비전은 무엇인가 잘못된 비전인가?

이러한 혼란을 어떻게 정리할 수 있을까? 우선 이에 대해 성경이 무엇이라고 말하는지 살펴보아야 한다. 앞서 알아보았듯 오늘날 우리가 말하는 일반적 의미의 '비전'을 성경에서 찾기는 어렵다. 그러나 이와 유사하게 사용된 다른 단어가 있는데, 성경은 이를 '소원'이라고 표현한다. 이 '소원'에는 그리스도인이 갖는 비전에 대한 혼동을 푸는 실마리가 들어 있다.

5 | 소원의 특징

성경에서 말하는 소원은 어떠한 특징이 있을까? 이것을 과연 비전이라고 해도 무방할까? 그 특징을 시편과 잠언 말씀을 중심으로 살펴보자.

성경이 말하는 소원은 출처가 다양하다

소원은 항상 하나님으로부터만 오는 것이 아니다. 그렇다고 사람이 자기 혼자 품고 있는 것이 소원도 아니다. 오히려 소원의 출처는 하나님과 사람, 둘 다를 포함한다. 그 구체적인 실례를 하나씩 살펴보도록 하자.

> 네 마음의 소원대로 허락하시고 네 모든 도모를 이루시기를 원하노라(시 20:4).

이 말씀은 소원의 출처가 우리 자신임을 알려 준다. 우리는 마음껏 소원을 품을 수 있다. 그리고 하나님은 우리의 소원을 막지 않으신다. 하나님은 소원이 하나님에게서 오지 않고 우리 자신에게서 왔다고 해서 거부하시지 않는다. 그분은 허용하신다. 여기서 소원은 '도모'(圖謀)라는 표현으로도 사용되었다. '도모'는 히브리어 '애차'(תֹצֵע)에 해당되는 단어로, 서로 모여 세우는 모략이나 전략 혹은 계획(plan-NRSV)을 의미한다. 이 성경말씀은 사람들이 함께 모여 지혜를 짜내고 계획을 세우는 행위를 통해 그들 자신의 소원을 이룰 수 있음을 의미한다. 그리고 그것에도 하나님의 은혜가 함께함을 보여 준다.

한편 우리 자신에게서 나오는 소원은, 하나님을 아는 사람이나 그렇지 않은 악인이나 누구든지 품을 수 있는 것이다. 잠언 11장 23절 말씀을 살펴보자.

의인의 소원은 오직 선하나 악인의 소망은 진노를 이루느니라

여기서 소원은 그 성격상 선할 수도 있고, 악할 수도 있다. 이것은 그 소원을 품는 사람의 됨됨이와 내면이 어떠하냐에 따라 달라진다. 선한 사람은 선한 소원을 품지만, 악한 사람은 진노를 이루는 소망을 품는다.

이러한 소원에는 또 다른 출처가 있다. 그것은 바로 여호와 하나님이시다. 다음의 말씀을 살펴보자.

- (하나님께서) 그 마음의 소원을 주셨으며(시 21:2).
- 너희 안에서 행하시는 이는 하나님이시니 자기의 기쁘신 뜻을 위하여 너희로 소원을 두고 행하게 하시나니(빌 2:13).

하나님은 사람의 마음에 하나님이 원하는 소원을 주신다. 그리고 이 소원을 이루도록 노력하며 행동하게 도우신다. 이것은 그분의 기쁘신 뜻을 이루기 위함이다.

이상과 같이 소원의 출처는 우리 자신이 될 수도 있고, 하나님이 될 수도 있다. 우리 자신이 소원을 품을 때, 그것이 크게 악한 것이 아니라면 하나님은 그 소원을 허락하신다. 소원은 하나님을 경외하는 사람만 품는 것이 아니라, 하나님을 모르는 악인도 가질 수 있다. 이는 무슨 뜻인가? 하나님은 사람에게 그 내면에 원하는 소원을 마음껏 품을 수 있는 자유를 주셨음을 의미한다. 우리는 반드시 하나님이 주시는 소원만을 품어야 하는 것이 아니다. 하나님이 우리에게 주신 자유로 우리는 어떤 소원이든 품을 수 있다. 여기서 우리는 반드시 하나님께만 비전을 받아야 한다는 강박관념에서 벗어날 수 있다.

소원의 성취가 더디거나 이루어지지 못할 때 사람은 절망한다

- 소망이 더디 이루게 되면 그것이 마음을 상하게 하나니 소원이 이루는 것은 곧 생명나무니라(잠 13:12).
- 소원을 성취하면 마음에 달아도(잠 13:19).

사람이 소원을 품고 이루지 않으면 이 소원은 망상 혹은 허상에 불과

하다. 소원은 이루어져야 하고, 이 소원을 이룰 때 사람은 삶의 보람과 의미를 느낀다. 소원을 성취하는 것은, 마음에 꿀과 같은 달콤함과 보람, 성취감을 선사한다. 반면 소원이 이루어지지 않거나 소원을 포기할 때는 마음이 병들기 시작한다. 위의 말씀에서도 소원이 좀처럼 이루이지지 않을 때 마음이 상한다고 했다. 여기서 '상한다'는 히브리어 '할라'(חָלָה)에 해당하는 단어로 병들어 아픈 것을 의미한다. 남녀노소를 막론하고 누구든지 생의 소원이 없고 목표를 상실하면 마음에 병이 든다. 그리고 이것은 점차 한 사람의 삶 전체를 병들게 만든다.

소원에 지식을 더하면 실현 가능하다

'소원한다'는 의미를 가진 영어 동사로는 'want'와 'wish'가 있다. 그런데 이 두 동사의 의미에는 커다란 차이가 있다. 'wish'는 무엇인가를 원하지만, 그것이 자신의 통제 능력 밖에 있기 때문에 그저 '이렇게 되었으면 좋겠다'고 바라기만 하는 소원이다. 즉, 실현 가능성이 없는 소원이다. 그러나 'want'는 'wish'와는 다른 의미를 내포하고 있다. 'want'는 자신이 바라는 것이 자신의 통제 능력 안에 있음을 의미한다. 자신의 바람을 강렬하게 원할 뿐 아니라 반드시 추구하겠다는 의지도 담겨 있는 것이다. 결국 'I want'와 'I wish'는 둘 다 원하는 것을 표현하고 있지만, 그 결과에 있어서는 큰 차이를 만들어 낸다.

우리의 소원도 마찬가지다. 어떤 소원은 현실 가능한 소원인 반면, 어떤 소원은 바라는 것을 이루지 못하고 그저 희망 사항으로 그치는 경우가 있다. 그 차이를 만들어 내는 것이 무엇일까? 그것은 바로 '지식'이다. 다음의 말씀을 생각해 보자.

> 지식 없는 소원은 선치 못하고 발이 급한 사람은 그릇하느니라
> (잠 19:2).

여기서 지식은 소원을 이루기 위해 필요한 정보와 지혜(과거적 요소), 현실 직시와 숙고(현재적 요소), 계획(미래적 요소)을 포함한다. 이 요소들 없이 성급하게 나섰다가는 자칫 실패할 가능성이 크다. 따라서 소원을 품을 때, 우리는 늘 현실을 직시하고 소원을 이루기 위해 필요한 지식을 확보해야 한다. 지식이 없다면 의지적으로 배우고 익혀야 한다. 그럴 때 우리의 소원은 지식으로 말미암아 실현 가능한 통찰력 있는 '소원'이 될 수 있다.

하나님은 **자녀**의 **소원**을 **만족**시켜 주시는 분이다

소원은 그 출처가 반드시 하나님에게서 와야 한다는 단서가 없다. 그렇다 할지라도 하나님은 자신을 경외하는 자녀가 품은 것이라면 그 소원

을 이루어 주고 싶어 하신다. 한번 생각해 보라. 자녀가 아이스크림을 먹고 싶어 하는데, 어느 부모가 그 소원이 자신의 관심사 밖이라고 하여 거절하겠는가? 자녀에게 쓰는 돈이 아깝다고 싸구려 불량 식품을 사 주겠는가? 정상적인 부모라면 자녀에게 이왕이면 맛있는 아이스크림을 사 주고 기뻐할 것이다. 이것은 우리의 장래에 관해서도 마찬가지다. 정상적인 부모라면 자녀가 정말 하고 싶은 것, 소망하는 바를 하도록 지원하고, 원하는 것을 열심히 하는 자녀를 보고 흐뭇하게 생각할 것이다. 달리 말해 정상적인 부모라면 그들 자신이 자녀의 장래를 정해 놓고, 그것을 하라고 강요하지 않는다. 이는 하나님도 마찬가지다. 하나님은 부모와 같은 마음으로 장래에 무엇을 하라고 우리에게 구체적으로 말씀하기보다, 우리가 마음속에 자유와 기쁨을 누리는 가운데 하고 싶은 것을 하도록 도와주시는 분이다. 그래서 시편에서는 다음과 같이 말씀하고 있다.

- (여호와께서) 좋은 것으로 네 소원을 만족케 하사 네 청춘으로 독수리같이 새롭게 하시는도다(시 103:5).
- 저는 자기를 경외하는 자의 소원을 이루시며(시 145:19).
- 여호와여 주는 겸손한 자의 소원을 들으셨으니(시 10:17).

하나님은 자신을 경외하는 겸손한 자녀의 소원을 만족시켜 주시는 분이다. 그리고 이왕 만족시켜 주실 것이면 대충 하시지 않는다. 하나님은 온갖 '좋은 것'으로 만족시켜 주기를 원하신다. 우리는 장래에 무엇을 할 것인지를 놓고 고민하며 하나님의 뜻을 구한다. 하나님의 뜻이 확실하지 않으면 아무리 자신이 좋아하고 기뻐하는 것이 있어도 일단 멈추려 한다. 그러나 하나님은 우리의 소원을 좋은 것으로 만족시켜 주시는 분이다. 우리에게 당신의 구체적 바람을 직접 알려 주시기 이전에, 우리가 마음으로 기뻐하는 것이나 간절히 바라는 것을 이루기 원하신다. 따라서 성경이 제시하는 전반적인 원리에서 크게 벗어나지 않는 한, 우리는 자신의 가능성을 마음껏 계발하고 발휘해 마음의 소원을 이룰 자유와 열정을 가져야 한다.

> 저희가 평온함을 인하여 기뻐하는 중에 여호와께서 저희를 소원의 항구로 인도하시는도다(시 107:30).

때로 우리가 살아가는 삶의 여정에 거대한 폭풍이 몰려온다 하더라도 하나님은 그 자녀들을 지키시고 풍랑을 잠잠케 하신다. 그리고 그 자녀들이 간절히 바라던 '소원의 항구'로 인도하시는 분이다.

하나님의 **자녀**는 **하나님**께 **소원**을 **아뢸** 수 있는 **특권**이 있다

사람들은 자신의 소원을 이루기 위해 열심히 노력한다. 스스로의 힘으로 필요한 정보도 모으고, 실력도 기르고, 인맥도 쌓는다. 그러나 하나님의 자녀는 그 소원을 이루기 위해 혼자의 힘과 노력으로 애쓰지 않는다. 왜냐하면 전능하신 하나님이 우리의 소원을 이루는 데 함께 도우시고, 우리가 소원 이루기를 기뻐하시기 때문이다. 아래의 말씀을 보자.

주여 나의 모든 소원이 주의 앞에 있사오며 나의 탄식이 주의 앞에 감춰지지 아니하나이다(시 38:9).

여기서 시편 저자는 자신의 한두 가지 소원이 아니라, 자신의 '모든 소원'(all my longings-NIV)을 하나님에게 아뢰며 기도한다. 예수님은 신약성경 곳곳을 통해 우리 자신이 소원하는 바를 적극적으로 구할 것을 말씀하신다.

- 구하라 그러면 너희에게 주실 것이요 찾으라 그러면 찾을 것이요 문을 두드리라 그러면 너희에게 열릴 것이니 구하는 이마다 얻을 것이요 찾는 이가 찾을 것이요 두드리는 이에게 열릴 것이니라 너희 중에 누가 아들이 떡을 달라 하면 돌을 주며 생선을 달라 하면 뱀을 줄 사람이 있겠느냐 너희가 악한 자라도 좋은 것으로 자식에게 줄 줄 알거든 하물며 하늘에 계신 너희 아버지께서 구하는 자에게 좋은 것으로 주시지 않겠느냐(마 7:7-11).
- 내 이름으로 무엇이든지 내게 구하면 내가 시행하리라(요

14:14).

- 내가 진실로 진실로 너희에게 이르노니 너희가 무엇이든지 아버지께 구하는 것을 내 이름으로 주시리라(요 16:23).

그렇다. 우리는 어떤 소원이든 믿음과 담대함으로 하나님에게 나아가 아뢸 수 있다! 성경 곳곳에서 예수님은 우리의 소원을 믿음으로 하나님에게 아뢰라고 말씀하신다. 우리 소원의 동기가 악하지 않은 이상(약 4:3), 하나님은 자신을 경외하고 사랑하는 자녀의 소원을 들어주길 기뻐하신다.

소원은 인간이 주도적으로 시작하지만 **하나님**의 **역사**로 **완성**된다

소원은, 자유의지가 포함된 자기 주도적 성격이 강하다. 그러나 인간이 시작한 소원은 하나님의 인도와 역사를 통해 완성된다.

- 사람이 마음으로 자기의 길을 계획할지라도 그 걸음을 인도하는 자는 여호와시니라(잠 16:9).
- 사람의 마음에는 많은 계획이 있어도 오직 여호와의 뜻이 완전히 서리라(잠 19:21).

인간은 분명 하나님이 주신 자유의지로 마음껏 새로운 것을 시도하고 열망을 품는다. 그리고 인간은 그 열망을 추진하기도 한다. 간절한 소원을 추구하다 보면, 종종 그 가운데 인도하시는 하나님의 세밀한 손길을 발견할 수 있다. 마음에 품은 소원을 행하라고 해서 자신만 열심히 하고 하나님은 뒷짐 지고 가만히 계시는 줄 알았는데, 알고 보니 하나님이 그 배후에 역사하시더라는 것이다. 이처럼 소원은 인간의 자기 주도와 하나님의 손길이 협력하여 역사한다. 우리가 흔히 쓰는 영어 표현 중에 다음과 같은 말이 있다.

Do your best, God will do the rest!
(최선을 다하라, 그러면 하나님이 나머지를 행하실 것이다!)

이는 소원의 특징을 잘 나타내 준다. 그대는 자신의 소원을 향해 최선을 다하라! 그러면 하나님이 그대를 도우며 아름답게 인도하실 것이다.

6 | 성경적 비전의 특징

우리가 오늘날 혼란스러워하는 비전과 소원의 특징은 상당한 유사성을 지니고 있다. 시각적 특성만 제외한다면, 비전과 소원은 같은 개념으로 보아도 무방하다. 여기서 우리는 성경적 개념에 가까운 비전을 새롭게 정의할 수 있다. 즉, 비전은 시각적 특성이 강조된 소원이다. 이런 비전이 갖는 특징을 다음과 같이 나누어 살펴보자.

첫째, 비전은 출처가 다양하다. 자신이 좋아하고 열정이 생기는 것을 비전으로 삼을 수도 있고, 하나님이 주시는 마음의 소원을 비전으로 삼을 수도 있다. 즉, 비전의 출처가 하나님에게서 온 계시와 환상적인 것이 아니라 자신이라 하더라도 그 비전이 하나님 앞에 잘못된 것이라 단정할 수 없다. 그리고 비전은 믿는 사람만 품는 것이 아니라 믿지 않는 사람도 품을 수 있고, 심지어 악인도 품을 수 있다. 비전은 누구나 품을 수 있는 것이다.

둘째, 비전은 사람이 분명한 생의 목표를 갖고 매진할 수 있도록 도와준다. 100미터 경주에서 결승점을 목표로 전심전력해서 뛰는 것과 목표점 없이 무작정 뛰는 것은 커다란 차이가 있다. 이와 마찬가지로 사람이 자신의 인생에서 목표나 계획 혹은 중장기적인 비전을 품는 것과 그렇지 않은 것에도 커다란 차이가 있다. 비전이 있는 사람은 앞을 향해 열정적으로 돌진하지만, 비전이 없는 사람은 무기력하고 그 마음이 병들고 만다. 또한 사람은 비전을 성취함으로 인해 삶의 보람과 커다란 의미를 갖는다. 이를 위해서는 당연히 강력한 실행력이 뒷받침되어야 한다. 반대로 우유부단하게 머뭇거리다가 비전을 성취하지 못한 사람은 자신의 마음속에 있는 기쁨을 빼앗겨 버리고 만다.

셋째, 비전이 망상에 그치지 않고 실현 가능한 현실적인 소원이 되기 위해서는 지식이 더해져야 한다. 탄탄한 지식을 바탕으로 할 때, 비전의 실현 가능성은 높아진다. 통찰력 있는 비전은 지식의 기반 위에 상상력의 기름을 붓고 여기에 열정의 불을 지피는 행위를 거친다. 따라서 비전을 추구하기 위해서는 많은 것을 배우고 경험할 필요가 있다.

넷째, 하나님은 자녀가 갖고 있는 비전을 이루어 주기 원하신다. 그러므로 비전이 자신의 정욕을 이루는 악한 동기가 아닌 이상, 자신의 가능성과 미래를 스스로 제한하지 말아야 한다. 우리는 상상력의 나래를 마음껏 펴야 한다. 전능하고 한계가 없으신 하나님처럼 우리도 얼마든지 위대한 일을 비전으로 품을 수 있다.

다섯째, 우리는 믿음 가운데 하나님 앞에 품은 비전을 내려놓고 담대히 구해야 한다. 구하라, 그러면 하나님이 주실 것이다. 자신이 무엇을 품어야 할지 아직 잘 모르겠는가? 그렇다면 찾아보라. 분명 찾아질 것이다. 혹 과연 길이 열릴지 염려스러운가? 두드려 보라! 악한 자도 자기 자식에게는 좋은 것을 주는데, 하물며 하나님 아버지께서 우리에게 온갖

귀하고 좋은 것으로 채워 주지 않으시겠는가(마 7:11).

여섯째, 우리가 나름대로 최선을 다할 때 하나님은 배후에서 우리를 도우며 뜻대로 인도하신다.

이상으로 드러나는 비전의 특징은, 우리가 신앙적 비전에 대해 혼란스러워한 문제점들을 이해하는 데 도움을 준다. 그리고 비전이 그 자체로 중립적 의미를 갖음을 알려준다. 이는 그리스도인이 아닌 일반인도 비전을 품을 수 있음을 의미한다. 또한 어떤 사람이 비전을 품고 있는지, 비전을 품고 있지 않은지에 따라 인생의 결과에 커다란 차이가 만들어질 수 있음을 드러낸다. 그러나 하나님의 자녀들은 비전을 하나님에게 의탁할 수 있고, 하나님은 자녀들의 비전을 이루어 주는 것을 기뻐하신다. 때로 비전은 하나님이 마음에 주시는 강렬한 소원에서 비롯되기도 하지만 그 반대의 경우라 해서 우리 각자가 품는 비전이 잘못되거나 바람직하지 않은 것은 아니다. 하나님은 인간의 자유의지를 존중하시며 이 자유의지를 통해서도 하나님의 위대한 일을 시도하시기 때문이다. 이제 혼란스러웠던 기존의 비전 개념을 새롭게 인지하도록 하자.

토의 질문

1. 비전의 출처에 대해 고민한 경험이 있는가? 있다면 그 이유는 무엇인가? 그동안 내가 품어 왔던 비전의 출처는 무엇에서 비롯된 것인가?

2. 성경은 비전을 무엇이라 말하고 있는가? 잠언 29장 18절과 요엘 2장 28절을 중심으로 그 의미를 살펴보도록 하자.

3. 비전은 하나님에게서 와야 하는가, 아니면 내 자신의 의지로 세울 수 있는가? 각자 자신의 답변 후, 그에 대한 이유가 무엇인지 나누어 보자.

4. 지금 내가 품고 있는 비전은 초자연적인 하나님의 계시로 인한 것인가, 아니면 마음의 소원이 투영된 것인가? 각자 자신의 답변 후, 그에 대한 이유가 무엇인지 나누어 보자.

5. 성경이 말하는 소원의 특징을 정리해 보며 지금 내가 갖고 있는 비전과 어떤 유사성이 있는지 나누어 보자.

보이지 않는 부르심 _소명

1 | 소명이란

오늘날 의미하는 비전은 성경에 등장하는 '소원'의 일종으로, 그 개념이 시각적으로 강조된 것임을 밝혔다. 그런데도 여전히 한 가지 의문점이 남아 있다. 그것은 우리 안의 간절한 열망을 반영하는 소원에서 하나님의 인도와 주도권이 명확하게 드러나지 않는 듯한 인상을 준다는 점이다. 그리스도께 생명을 의탁한 성도들은 어디든지 주님이 인도하시는 바대로 자신의 삶을 드리며 따라가겠다는 각오와 결심이 서 있다. 하나님은 우리에게 마음껏 소원을 품도록 허락하셨지만, 여전히 우리의 삶을 통해 이루고자 하시는 일이 있다. 분명 하나님은 우리의 생을 향한 구체적인 계획과 생각을 가지고 계신다(렘 29:11).

그렇다면 그 계획과 생각을 우리에게 알려 주셔야 하지 않을까? 우리 자신을 부인하고 각자의 십자가를 지고 주님을 따르려면 무엇인가 주님이 강력하게 요청하시는 것이 있어야 하지 않을까? 만약 이러한 질문에 긍정적으로 응답한다면 '비전' 혹은 '소원'이라는 용어는 주님의 강력한 요청과 계획을 알리는 것이라는 의미를 다 담기에는 한계가 있다. 무엇인가 다른 용어가 필요하다. 우리는 이러한 의미를 '소명'(召命), 즉 '부르심'이란 단어에 담을 수 있다.

소명은, 말 그대로 부르심(calling) 사건이다. 영어 단어 'call'에는 하나님이 '부르신다', '소환하신다'는 의미가 담겨 있다. 소명은 하나님이 자신의 자녀를 부르시는 부르심 사건이요, 하나님의 번뜩이는 지혜와 통찰력이 있는 과업 혹은 목표가 주이지는 사건이다. 여기에는 중요한 전제가 있는데, 소명은 하나님 편에 전적인 주도권이 있다는 것이다. 하나님이 먼저 부르지 않고는 도저히 자신의 부르심이 무엇인지 알 수 없음을 뜻한다. 다시 말해 부르심 없이는 주께서 요청하시는 그 길을 한 발자국도 갈 수 없다. 오스 기니스는 소명의 개념을 다음과 같이 정의한다.

> 소명이란, 하나님이 우리를 그분께로 부르셨기에 우리의 존재 전체, 우리의 행위 전체, 우리의 소유 전체가 특별한 헌신과 역동성으로 그분의 소환에 응답하여 그분을 섬기는 데 투자된다는 진리이다.[1]

여기에는 두 가지 요소가 있다. 첫째 하나님의 부르심이고, 둘째 그 부르심에 따라 우리의 모든 것을 다해 그분을 섬겨야 한다는 점이다. 하나님이 먼저 부르시지 않으면 소명 사건은 일어나지 않는다. 그리고 하나님의 부르심에 사람이 응답하지 않으면 그 소명은 공허한 메아리가 될 수밖에 없다. 즉, 소명 사건은 하나님의 부르심과 이 부르심을 분별하여

---

1) 오스 기니스 저, 홍병룡 역, 《소명》(서울: IVP, 2006), 13쪽.

 내 인생에 비전이 보인다

응하는 사람의 응답이 있어야 한다. 비전 사건의 주체는 '나' 자신이 될 수 있으나, 소명 사건의 주체는 전적으로 '하나님'이시다. 비전은 자신의 지성과 상상력으로 세워 갈 수 있으나, 소명은 하나님에게서 온다. 하나님이 '나' 자신을 먼저 불러 주시지 않는다면 소명은 가질 수 없는 것이다. 부르심을 실천하는 사람들은 반드시 자신의 행동에 대한 확신이 있다. 하나님이 먼저 그 사람들을 부르셨기 때문이다. 그리고 하나님이 부르셨기에 그들은 자신의 모든 것을 다해 하나님을 섬기려 한다.

비전이 보는 것, 즉 시각에 관한 것이라면 소명은 음성에 관한 것이다. 음성은 신뢰와 믿음을 바탕으로 한다. 비전이 보이는 것으로 인해 확신을 갖고 움직이는 것이라면, 음성은 비록 눈으로 보지 않아도 부르시는 분을 신뢰하는 가운데 믿음으로 순종하는 것이다. 그리고 이런 순종을 통해 눈으로 볼 수 있는 하나님의 역사가 일어난다. 히브리서 11장 3절은 다음과 같이 말씀하고 있다.

> 믿음으로 모든 세계가 하나님의 말씀으로 지어진 줄을 우리가 아나니 보이는 것은 나타난 것으로 말미암아 된 것이 아니니라

보이는 것은 물리적인 조건과 작용으로 인해 나타나지 않는다. 보이는 것은 그 배후에 보이도록 역사하시는 하나님의 음성, 즉 말씀에 기초해 드러난다. 이 말씀으로 말미암아 혼란스럽고 공허한 세상에 아름다운 것이 창조되어 질서 정연하게 나타났다. 그리고 하나님은 지금도 말씀을

비전이 보는 것, 즉 시각에 관한 것이라면 소명은 음성에 관한 것이다.

통해 우리를 부르신다. 그리고 우리를 통해 새로운 하나님의 역사를 나타내고자 하신다. 따라서 소명에 응답하는 것은 하나님의 새 창조 사건에 믿음으로 참여하는 것과 같다.

하나님이 한 사람을 불러 그에게 하나님의 나라를 위해 감당할 일을 부여하심은 일차적으로는 그 사람을 새롭게 창조하고, 이차적으로는 그 사람을 통해 일어날 일을 새롭게 창조하는 사건이다. 이러한 소명 사건은 성경 곳곳에 등장하며 그 자체로 다양한 특징을 갖는다. 이는 한 마디로 정의하기보다 성경에 나오는 구체적인 부르심 사건들을 통해 알아보는 것이 더 효과적이다.

성경에는 하나님이 한 사람을 선택해 그 인생의 진로를 지도하고, 그가 인생을 살아가는 동안 해야 할 목표와 사명을 주시는 경우가 종종 등장한다. 이 사건들을 구체적으로 살펴보면 오늘날 우리가 흔히 기대하는 방식인 비전에 의해 그의 삶이 이루어지지 않았음을 알 수 있다. 왜냐하면 '비전'(vision)보다는 '부르심'(calling), 즉 소명 사건이 지배적이기 때문이다. 성경에 등장하는 많은 인물이 비전 이전에 부르심을 받았다. 그리고 이 부르심은 하나님의 역사를 일으키는 근원이 되었다. 여기서는 성경에 나오는 소명 사건의 구체적인 사례들을 추적해 봄으로써 성경이 말하는 소명이 무엇인지 알아보도록 하겠다.

아브라함

여호와께서 아브람에게 이르시되 너는 너의 본토 친척 아비 집을 떠나 내가 네게 지시할 땅으로 가라 내가 너로 큰 민족을 이루고 네게 복을 주어 네 이름을 창대케 하리니 너는 복의 근원이 될지

라 너를 축복하는 자에게는 내가 복을 내리고 너를 저주하는 자
에게는 내가 저주하리니 땅의 모든 족속이 너를 인하여 복을 얻
을 것이니라 하신지라(창 12:1-3).

하나님이 하란에서 아브라함을 선택하여 부르시는 사건이다. 이 본문
을 자세히 살펴보면 부르시는(소명) 사건이 보는(비전) 사건보다 앞서 일
어났음을 알 수 있다. 하나님은 먼저 아브람에게 "너는 너의 본토 친척
아비 집을 떠나 내가 네게 지시할 땅으로 가라"고 부르신다. 그러면 그
부르심에 대한 순종의 결과로, 하나님은 아브라함에게 큰 민족을 이루게
하고 그의 이름을 창대케 하며 그를 복의 근원으로 삼는 그림을 주겠다
고 하신다.

지금 당장 떠나면 어디로 가는가? 무엇인가 붙잡을 만한 확실한 것이
있는가? 안타깝게도 지금 당장은 없다. 한 가지 분명한 것은 본토, 친척,
아비 집을 지금 '떠나라'는 부르심이 있을 뿐이다. 만약 부르심에 순종
하여 떠나면 하나님이 지금보다 명확한 그림을 하나하나 보여 주시리라
는 것이다. 그래서 하나님은 아브라함에게 구체적인 목적지를 정해 주지
않고, 단지 "내가 네게 지시할 땅"이라고 말씀하셨다.

아브라함이 살던 당시는 씨족사회였다. 가족과 친척이 모여 살며 외부
의 위협과 공격을 함께 방어하며 생존한 시기였다. 그런데 아브라함이
지금까지 살던 생의 안정된 터전을 버리고 어딘지 알지 못하는 곳으로
무작정 떠난다는 것은 커다란 위험을 감수하는, 인간적으로 보면 무모한

일에 가까웠다. 확실한 것이라고는 '하나님이 지시할 땅'으로 떠나리라는 것뿐이었다.

우리 같으면 이곳을 떠나서 다음은 어떻게 될지, 만약 이곳을 떠난다면 어떻게 떠나야 할지 등과 같은 불확실한 문제들에 대한 의문을 제기하고 고민할 것이다. 그러나 성경은, 부르심이 확실하면 구체적 그림이 없어도 떠날 수 있다고 말씀한다. 왜냐하면 하나님의 부르심을 온전히 신뢰하면 하나님이 그 결과를 온전히 책임지고 주도하시기 때문이다.

창세기 12장 2-3절 전반부까지 나오는 1인칭 주어 다섯 개의 등장은 이를 잘 보여 준다. 여기에 있는 문장들은 모두 약속의 형태로 구성되어 있다.[2] 다음을 자세히 살펴보자.

- 내가 너로 큰 민족을 이루고
- 내가 네게 복을 주어
- 내가 네 이름을 창대케 하리니
- 너를 축복하는 자에게는 내가 복을 내리고
- 너를 저주하는 자에게는 내가 저주하리니

여기에는 하나님의 강력한 자기주장인 '내가'가 계속 등장한다. 소명을 받은 아브라함의 미래는, 그 자신이 얼마나 성취하고 업적을 이루느

---

2) 월터 브루거만 저, 강성열 역, 《창세기》(서울: 한국장로교출판사, 2000), 194-195쪽.

냐에 달려 있지 않다. 왜냐하면 하나님의 부르심에 순종하면 그 결과는 하나님이 아름다운 복으로 채워 주시기 때문이다.

아브라함 한 사람의 소명은 모든 이스라엘 민족에게 긍정적인 영향을 끼치는 소명이다. 그러나 당장 눈에 보이는 잠재적인 가능성은 없다. 오히려 안정된 삶의 터전을 떠나야 하는 불안함이 자리한다. 더구나 아브라함은 자녀가 없는 불임 가정이었다(창 11:30). 그 당시에 나이 75세에 자녀가 없다는 것은, 인간적인 판단으로는 후손의 소망이 끊어졌음을 의미한다. 그런데 하나님은 아브라함에게 그가 소명에 따를 때, 그 자신의 순종함으로 인해 새로운 생명의 길로 인도하겠다고 말씀하신다. 소명은 당장 손에 잡히는 것이 없지만, 하나님의 능력과 신실하심에 자신의 모든 것을 내맡기고 믿음으로 반응할 것을 요청한다. 왜냐하면 하나님은 죽은 자도 살리고, 없는 것을 있는 것같이 부르시는 분이기 때문이다(롬 4:17). 로마서는 이러한 아브라함의 소명 응답을 믿음의 행위로 말씀하고 있다.

아브라함이 **바랄 수 없는 중에 바라고 믿었으니** 이는 네 후손이 이 같으리라 하신 말씀대로 많은 민족의 조상이 되게 하려 하심을 인함이라 그가 백 세나 되어 자기 몸의 죽은 것 같음과 사라의 태의 죽은 것 같음을 알고도 **믿음이 약하여지지 아니하고 믿음이 없어 하나님의 약속을 의심치 않고 믿음에 견고하여져서 하나님께 영광을 돌리며** 약속하신 그것을 또한 능히 이루실 줄을 확신하였으니 그러므로 이것을 저에게 의로 여기셨느니라(롬 4:18-22).

아브리함은 지금 당장 손에 잡히는 것이 없다고 해서 하나님의 부르심을 의심치 않았다. 오히려 그는 믿음으로 담대한 확신 가운데 거했고, 하나님은 이를 흐뭇하게 여기셨다.

소명 사건은 인간의 응답을 요청한다. 하나님 편에서 사람을 부르셨다면, 사람 편에서는 믿음으로 응답해야 한다. 하나님은 믿음의 응답을 요청하신다. 하나님을 신뢰할 수 없다면 하나님이 부르셔도 응답하지 못할 것이다. 왜 그러한가? 하나님의 부르심은, 인간의 눈으로 온갖 불가능한 상황 한가운데를 통과하도록 요청하기 때문이다.

모세

여호와께서 그가 보려고 돌이켜 오는 것을 보신지라 하나님이 떨기나무 가운데서 그를 불러 가라사대 모세야 모세야 하시매 그가 가로되 내가 여기 있나이다 하나님이 가라사대 이리로 가까이 하지 말라 너의 선 곳은 거룩한 땅이니 네 발에서 신을 벗으라 또 이르시되 나는 네 조상의 하나님이니 아브라함의 하나님, 이삭의 하나님, 야곱의 하나님이니라 모세가 하나님 뵈옵기를 두려워하여 얼굴을 가리우매 여호와께서 가라사대 내가 애굽에 있는 내 백성의 고통을 정녕히 보고 그들이 그 간역자로 인하여 부르짖음을 듣고 그 우고를 알고 내가 내려와서 그들을 애굽인의 손에서 건져내고 그들을 그 땅에서 인도하여 아름답고 광대한 땅, 젖과 꿀이 흐르는 땅 곧 가나안 족속, 헷 족속, 아모리 족속, 브리스 족속, 히위 족속, 여부스 족속의 지방에 이르려 하노라 이제 이스라엘 자손의 부르짖음이 내게 달하고 애굽 사람이 그들을 괴롭게 하는 학대도 내가 보았으니 이제 내가 너를 바로에게 보내어 너로 내 백성 이스라엘 자손을 애굽에서 인도하여 내게 하리라 모세가 하나님께 고하되 내가 누구관대 바로에게 가며 이스라엘 자손을 애굽에서 인도하여 내리이까 하나님이 가라사대 내가 정녕 너와 함께 있으리라 네가 백성을 애굽에서 인도하여 낸 후에 너희가 이 산에서 하나님을 섬기리니 이것이 내가 너를 보낸 증거니라(출 3:4-12).

하나님이 모세를 부르시는 장면이다. 놀라운 것은, 하나님이 모세를 부르실 때 모세 편에서는 부르심에 응답할 준비가 전혀 되어 있지 않았다는 점이다. 오히려 본문 말씀은 하나님의 준비되심에 대해서만 설명한다. 하나님은 그동안 이스라엘의 고통에 찬 부르짖음을 듣기도, 그들의 학대를 보기도 하셨다. 그리고 이제 이스라엘의 구원을 위해 행동하기로 결심하신다. 그래서 하나님은 주도적으로 모세를 부르셨다.

모세가 소명을 받는 장소에 온 것은 어떤 환상이나 비전에 이끌려서 온 것이 아니었다. 떨기나무 불꽃은 황홀경에서 경험하는 환상이 아니라 하나님 임재의 명백한 상징이었다. 모세는 하나님 임재의 명백한 상징을 보고 이끌려 왔던 것이다. 처음에, 모세는 그것이 정확하게 무엇인지 몰랐다. 그러나 호기심에 이끌려서 와 보니 그곳에 하나님의 임재가 있었다. 결국 그의 호기심이 소명 사건을 향해 나아가도록 만들었다. 이처럼 호기심은 소명을 향해 나아가도록 한다.[3]

여기서는 하나님의 임재 사건과 소명 사건이 연이어 일어난다. 이 둘이 개별적인 사건이 아니라 밀접한 관련이 있음을 알 수 있다. 떨기나무 불꽃은 하나님의 부르심에 대한 모세의 응답을 자극하는 역할을 한다.[4] 눈에 보이는 임재의 상징은, 모세가 하나님의 말씀을 듣고 응답하는 데 강력한 영향력을 끼친다. 시각적으로 명백한 임재의 현장 한가운데서의 부르심은 모세에게 하나님의 신적 권위를 경험하도록 하며 거기에 엄숙하게 응답할 것을 요청한다.[5] 거룩한 임재의 경험은, 모세가 수동적 자세를 취하지 않도록 만들며 도리어 그가 하나님의 주도권 앞에 적극적으로 반응할 수 있게 한다. 또한 그가 하나님과 진지한 대화를 나눌 수 있도록 이끈다.

---

3) 테렌스 E. 프레다임 저, 강성열 역, 《출애굽기》(서울: 한국장로교출판사, 2001), 102쪽.
4) 존 더햄 저, 손석태·채천석 역, 《출애굽기》(서울: 솔로몬, 2000), 89쪽.
5) 이러한 모세의 소명 이야기는 (1)하나님의 나타나심(출 3:1-4a), (2)머리말(출 3:4b-9), (3)하나님의 명령(출 3:10), (4)거부(출 3:11), (5)재보증(출 3:12a), (6)표징(출 3:12b)의 요소를 포함하고 있다. 이러한 소명의 요소들은 기드온의 소명 사건(삿 6:11-24)과 예레미야의 소명 사건(렘 1:4-9)에서도 유사하게 발견된다.

모세를 향한 부르심의 음성 사건이 없었다면, 떨기나무 불꽃은 단지 해석의 과제로 남는 하나의 영적 체험으로 그치고 말았을 것이다. 여기서 부르심 사건은, 그가 경험한 시각적 체험에 대한 해석을 제공한다. 영적 체험 가운데 부르심의 음성은 그 핵을 차지하며, 보는 것이 예비 단계라면 듣는 것은 중심 단계임을 드러낸다.

하나님의 엄숙한 요청 앞에, 모세는 자신의 자격 없음을 호소한다.

"내가 누구관대 바로에게 가며 이스라엘 자손을 애굽에서 인도하여 내리이까!"

모세는 자신이 이스라엘의 구원자가 될 수 없음을 항변한다. 그러자 하나님은 "내가 정령 너와 함께 있으리라"고 대답하신다. 여기서 하나님은 모세의 자격과 조건에 대해 말씀하시지 않는다. 하나님은 모세의 자질과 자격에 상관없이 함께하겠다고 말씀하신다. 여기서 중요한 점은, 모세가 누구인지가 아니라 누가 모세와 함께하는지에 대한 것이다. 그리고 하나님은 모세와 함께하겠다는 약속의 징표로 증거를 주신다. 그 징표는 '모세가 이스라엘을 구출해 내어 지금 하나님이 모세를 부른 이 호렙 산으로 다시 와서 하나님을 경배하리라'는 말씀이셨다.

하나님은 모세의 부르심 가운데 당신의 주도권을 보여 주시지만, 그렇다고 모세를 강제적으로 굴복시키지 않으신다. 모세의 거부와 항의를 듣고, 모세를 고려해 하나님의 본래 계획을 그에게 적합한 것으로 바꾸기도 하신다.

출애굽기 3장 이후에 나오는 모세와 하나님의 대화 일부를 도식적으

로 나타내면 다음과 같다.[6]

모세의 거부	하나님의 응답
모세는 자신이 그 일에 '부적격자'라고 말한다(출 3:11).	하나님은 당신께서 모세와 함께 있을 것임을 약속하신다(출 3:12).
모세는 하나님에 관한 충분한 정보를 갖고 있지 않다(출 3:13).	하나님은 "나는 스스로 있는 자"라고 당신의 이름을 가르쳐 주신다(출 3:14-22).
모세는 이스라엘 백성이 자신의 말에 귀 기울이지 않거나 자신의 말을 믿지 않으리라고 말한다(출 4:1).	하나님은 이스라엘 백성이 믿을 수 있는 표징을 주신다(출 4:2-9).
모세는 자신이 '무능한 자'라고 말한다(출 4:10).	하나님은 당신께서 모세의 입과 함께하겠다고 말씀하신다(출 4:12).
모세는 하나님께 다른 사람을 보내라고 청한다(출 4:13).	하나님은 당신께서 모세와 아론의 입과 함께하겠다고 말씀하신다(출 4:14-16).

이처럼 하나님의 계획이 순전히 하나님의 말씀과 뜻에 의해 주도적으로 이루어지고, 인간은 그저 수동적으로 맞추어 가는 것만은 아니다. 하나님은 당신의 말씀을 하나님과는 뜻이 다른 모세의 손에 맡김으로써 그

---

6) 테렌스 E. 프레다임 저, 《출애굽기》, 98쪽 참조.

가 원하는 방식에 맞추고자 하신다.[7] 그래서 하나님은 모세만을 홀로 사용하시려 했던 계획을 모세 스스로 입술이 둔하다고 주장하자 수정하시고 아론을 함께 보내셨던 것이다.

그러나 이것이 과연 하나님의 최선이었을까? 이에 대해서는 깊이 생각해 볼 필요가 있다. 이스라엘의 출애굽 사건을 계속해서 추적해 내려가다 보면 모세로 인해 수정된 출애굽의 역사는 오히려 많은 위험 가운데 노출되어 있음을 발견할 수 있다. 그 한 예가 출애굽기 32장에 나오는 아론의 실패다. 모세가 시내 산 위에 하나님의 계명을 받으러 간 사이, 아론은 백성의 요구에 따라 금송아지를 만들어 온 이스라엘에 우상숭배를 부추긴 커다란 실수를 저지른다. 모세의 요구로 아론이 모세의 동역자가 된 것이 하나님의 최선이 아니었음을 보여 주는 대목이다.

하나님 편에서 모세의 제안을 받아들여 소명의 일부를 수정한다는 것은, 모세의 연약한 모습과 강한 모습 모두를 받아들이며 이 양자를 통해 역사하신다는 것을 의미한다.[8] 하나님의 전능을 전적으로 의지하라는 부르심 앞에, 인간은 자꾸만 자신이 갖고 있는 조건을 보면서 스스로 자격이 없다고 주장한다. 그리고 인간은 이 조건을 만회할 수 있도록 다른 대안을 덧붙이기를 좋아한다. 이것은 부르시는 하나님에 대한 전적인 신뢰를 자칫 약하게 만들기 쉽다. 모세를 부르실 때, 하나님은 그 자신이 아는 약점보다 더 많은 그의 약점을 알고 부르셨다. 이는 하나님이 모세

---

7) 위의 책, 100쪽.
8) 위의 책, 100쪽.

를 사용할 때, 그의 현재 모습 그대로를 통해 하나님의 일을 이루기 원하신다는 것을 의미한다. 그런데도 인간의 짧은 안목은 하나님의 부르심을 수정할 것을 집요하게 주장한다. 하나님은 이러한 인간의 요구를 종종 수용하신다. 이러한 인간의 요구가 비록 인간의 편에서는 최선처럼 보일지 모르지만, 과연 하나님 편에서 최선일지 깊이 생각해 볼 필요가 있다. 왜냐하면 우리의 요청을 듣고 계획을 수정하시면서 하나님은 우리의 연약함이 드러날 것을 미리 아시고 이 연약함을 다루기 위해 준비하셨을 것이기 때문이다.

하나님이 모세를 부르면서 세부적인 부르심을 수정하지만, 그렇다고 부르심의 전체 방향을 수정하시는 것은 아니다. 오히려 하나님의 역사에 대한 장기적 안목에서의 부르심의 요청은 강력하다! 하나님은 불완전하지만 아론을 택해 모세를 돕도록 하면서도 집요하게 당신의 부르심 앞으로 모세를 세우신다. 하나님의 의지는 부르심을 거부하는 모세를 향해 노를 발하실 정도로 강력하다(출 4:14).

이사야

웃시야 왕의 죽던 해에 내가 본즉 주께서 높이 들린 보좌에 앉으셨는데 그 옷자락은 성전에 가득하였고 스랍들은 모셔 섰는데 각기 여섯 날개가 있어 그 둘로는 그 얼굴을 가리었고 그 둘로는 그 발을 가리었고 그 둘로는 날며 서로 창화하여 가로되 거룩하다 거룩하다 거룩하다 만군의 여호와여 그 영광이 온 땅에 충만하도다 이같이 창화하는 자의 소리로 인하여 문지방의 터가 요동하며 집에 연기가 충만한지라 그때에 내가 말하되 화로다 나여 망하게 되었도다 나는 입술이 부정한 사람이요 입술이 부정한 백성 중에 거하면서 만군의 여호와이신 왕을 뵈었음이로다 때에 그 스랍의 하나가 화저로 단에서 취한 바 핀 숯을 손에 가지고 내게로 날아와서 그것을 내 입에 대며 가로되 보라 이것이 네 입에 닿았으니 네 악이 제하여졌고 네 죄가 사하여졌느니라 하더라 내가 또 주의 목소리를 들은즉 이르시되 내가 누구를 보내며 누가 우리를 위하여 갈꼬 그때에 내가 가로되 내가 여기 있나이다 나를 보내소서 여호와께서 가라사대 가서 이 백성에게 이르기를 너희가 듣기는 들어도 깨닫지 못할 것이요 보기는 보아도 알지 못하리라 하여(사 6:1-9).

여기서는 성경적 비전(vision), 즉 묵시 사건이 일어난다. 이사야는 묵시적 환상 가운데 하나님의 보좌를 경험한다. 여기서 묵시는 단순한 시각적(visual) 사건이 아니다. 위 성경 본문은 이 사건이 이사야의 시각, 청각, 촉각뿐 아니라 자신의 죄악을 바라보는 영적 감각까지 총 동원되어 전 존재로 경험하는 초자연적 사건임을 보여 주고 있다. 비전 가운데 이사야는 먼저 보좌에 계신 하나님의 거룩하심을 바라본다. 아마도 직접

눈으로 본 것 같지는 않다. 그가 본 것은 하나님의 옷자락, 스랍들의 모습, 그리고 하나님 보좌의 모습이었다. 그러나 이것을 통해 이사야는 하나님의 거룩하심을 그 누구보다도 강렬하게 경험한다. 하나님에 대한 강렬한 경험으로 이사야기 깨달은 것은, 인간의 힘으로는 걸고 도달할 수 없는 전혀 다른 차원의 하나님의 거룩함이었다. 동시에 그는 자신의 한없는 부족함과 자격 없음, 그리고 죄악으로 가득 찬 모습을 깨달았다. 이러한 깨달음은 이사야 6장 5절에서 드러나듯 다음과 같은 탄식으로 이어진다.

"화로다 나여 망하게 되었도다!"

그러자 탄식하는 이사야를 향해 하나님은 역사하신다. 하나님은 스랍을 통해 불꽃 핀 숯불을 가지고 이사야의 입에 대며 그의 악이 제거되고, 그의 죄가 사하여졌음을 선포하신다. 강력한 묵시적 비전 체험 가운데 이사야는 자신의 더러움을 깨닫고, 이제 정결한 모습으로 하나님 앞에 선다. 놀라운 것은, 이사야가 정결케 되자 하나님의 음성을 들을 수 있게 되었다는 점이다. 또 그는 하나님의 마음을 깊이 공감할 수 있었다. 강력한 묵시 체험을 통해 부르심의 사건이 준비되었던 것이다.

정결케 된 이사야는 하나님의 탄식을 듣는다.

"내가 누구를 보내며 누가 우리를 위하여 갈꼬."

이는 죄악으로 물든 이스라엘을 향한 안타까움이었다. 여기서 중요한 것은 하나님이 이전에 아브라함과 모세를 불렀을 때처럼 이사야를 지명하여 가라고 부르신 것이 아니라는 점이다. 하나님은 이사야에게 직접적으로 말씀하시지 않았다.

그런데 이사야 6장 8절 하반부에 나와 있듯 이사야는 하나님의 탄식을 듣자마자 자발적으로 하나님 앞에 나선다.

"내가 여기 있나이다. 나를 보내소서!"

여기에서 이사야는 일말의 주저함도 없다. 그는 하나님의 마음에 전적으로 공감하며 즐겁게 자원해 오직 순종할 뿐이다. 그는 모세처럼 협상하지도 않는다. 그는 못 하겠다고 논쟁하지도 않는다.[9] 그는 질문도 없다. 이사야의 순종함에는 하나님의 사역에 온전히 헌신하려는 전적 자원만이 나타난다.[10]

이상으로 우리는 이사야가 하나님의 거룩함을 경험하고, 그분의 마음을 깊이 이해한 후에야 부르심에 대해 100퍼센트의 순도로 순종함을 발견 할 수 있다.

제자들을 부르심

갈릴리 해변으로 지나가시다가 시몬과 그 형제 안드레가 바다에 그물 던지는 것을 보시니 저희는 어부라 예수께서 가라사대 나를

---

9) 이사야와 대조적으로 모세는 자신은 입술이 둔하다고 하면서 그 둔한 입술로 하나님과 협상하려고 논쟁을 벌이는데, 그러한 모세의 모습은 하나의 아이러니가 아닐 수 없다.

10) S. H. Widyapranawa, *A commentary on the Book of Isaiah 1-39; The Lord Is Savior* (Grand Rapids: Eerdmans, 1990), 33쪽.

따라오너라 내가 너희로 사람을 낚는 어부가 되게 하리라 하시니 곧 그물을 버려 두고 좇으니라(막 1:16–18).

예수님이 공생애를 본격적으로 시작하기에 앞서 제자를 부르시는 장면이다. 예수님은 지나가는 길에 시몬과 그 형제 안드레를 보셨다. 그리고 그들에게 "나를 따라오너라"고 부르셨다. 언뜻 보기에 예수님이 시몬과 안드레를 보는 장면과 그들을 부르시는 장면이 너무 급작스럽게 이루어지는 것 같다. 그러나 누가복음 5장 1절 이하는 이 사이에 무슨 일이 일어났는지 설명해 주고 있다.

예수님은 이들을 부르기 전에 시몬 베드로의 배를 잠시 빌려 타고 호숫가에서 조금 떨어져 당신을 따라왔던 많은 무리의 군중에게 말씀을 전하셨다. 이것은 수많은 사람에게 떠밀리지 않고 말씀을 가르칠 수 있는 효과적인 방법이었다. 말씀을 마치신 예수님은 베드로에게 "깊은 데로 가서 그물을 내려 고기를 잡으라"고 이르셨다. 이미 전날에 베드로는 밤을 새어 가며 고기를 잡으려 했으나 한 마리도 잡지 못한 상태였다. 베드로는 어부도 아닌 예수님의 말씀을 농담으로 받아넘길 수도 있었다. 그러나 그는 배 안에서 예수님의 말씀을 들으며 무엇인가 특별한 것을 느꼈던 모양이다. 그는 예수님의 말씀을 신뢰하여 그물을 내린다. 그러자 놀라운 일이 일어난다. 밤사이 한 마리도 잡히지 않던 고기가 그물에 가득히 차서 찢어질 정도가 되었다. 이 사건을 경험한 베드로는, 예수님이 단순한 랍비가 아닌 신적 존재임을 인식한다. 이러한 인식에 이르자 그는 더 이상 예수님을 쳐다볼 수 없어 당장 예수님 앞에 엎드린다. 베드로가 엎드린 이유는 거룩한 분을 계속 바라보다가 그분의 임재로 인해 부정한 자신이 감당할 수 없는 일을 당할지도 모른다는 두려움 때문이었다. 누가복음 5장 8절에서 나타나 있듯 그는 예수님에게 간절히 요청한다.

"주여 나를 떠나소서. 나는 죄인이로소이다!"

베드로는 예수님의 신성(神聖)을 감지했다. 그리고 그 신성 앞에 자신의 죄인 됨과 무력함을 깨달았다. 베드로는 물고기를 잡는 삶의 현장에서 강렬한 하나님의 임재 체험을 했던 것이다. 이러한 체험 후 베드로는 예수님의 부르심을 받는다.

"나를 따라오너라. 내가 너희로 사람을 낚는 어부가 되게 하리라."

여기서 예수님의 부르심을 주의할 필요가 있다. 예수님의 부르심은, 먼저 그를 사람을 낚는 어부로 만드시는 것이 아니었다. 예수님의 부르심은, 먼저 그를 어떠한 지위로 부르시는 것이나 특별한 능력을 그에게 수여하시는 것이 아니었다. 예수님의 부르심은, 그분을 따르는 것이 우선이다. '따르라'는 뒤를 바짝 붙어 따라가는 것을 의미한다. 어디로 갈지 정확한 목적지는 모른다. 그 길이 쉬운 길인지 어려운 길인지, 평탄한 길인지 험난한 길인지도 모른다. 오직 분명한 점은 예수님을 따라간다는 것이다. 이것은 우리 전 존재의 삶의 가치와 방향에 관한 것이다. 이것이 확실하면 나머지는 부차적으로 따라온다.

예수님의 말씀대로 그분의 뒤를 따라가다 보면, 그 결과로 예수님이 제자들을 사람을 낚는 어부로 만들어 주신다. 예수님이 제자들을 어떻게 만들어 가실는지는 모른다. 그러나 예수님 뒤를 따라가다 보면 알게 된다는 것이다. 그분 뒤를 바짝 따라가는 것보다 더 분명한 것은 없다. 여기서 예수님의 부르심은, 목적지 이전에 따름의 대상과 '함께함'이 먼저임을 보여 준다. 소유나 지위 이전에 존재와 도(道)에 관한 것이 앞선다. 이것은 예수님이 열두 명을 불러 세우신 이유에 대해 설명하는 마가복음 3장 14-15절 말씀에서도 잘 나타난다.

이에 열둘을 세우셨으니 이는 **자기와 함께 있게 하시고** 또 보내사 전도도 하며 귀신을 내어 쫓는 권세도 있게 하려 하심이더라

예수님이 열두 제자를 부르신(세우신) 것은 먼저 당신과 함께 있게 하시고, 그 다음에 하나님 나라를 위한 여러 사역을 그들에게 감당케 하기 위해서다. 여기서도 '예수님과 함께하는 것'이 다른 어떤 일을 하는 것보다 우선순위에 놓인다. 이로써 분명한 점은, 부르심은 목적지 이전에 '길'[道], 즉 제자도에 관한 문제라는 것이다. 어떠한 능력과 지위를 획득하고 소유하기 이전에, 우리의 존재가 누구와 함께하느냐가 더 중요하다.

여기서 우리는 '부르심'을 크게 두 가지로 나누어 살펴볼 수 있다. 첫째, 우리가 예수님을 따라가야 할 길이다. 즉, 우리 전 존재의 근본적인 인생의 방향과 가치 전환에 관한 것이다. 이는 회심 사건과도 밀접한

관련이 있다. 회심이란, 이전에 갔던 삶의 방향을 주님께로 완전히 돌리는 것을 의미한다. 둘째, 우리가 예수님을 따라가면서 감당해야 할 구체적인 목표와 과업에 관한 것이다. 전자는 일차적 부르심, 후자는 이차적 부르심에 해당된다.[11] 일차적 부르심은 존재적 부르심이고, 이차적 부르심은 구체적인 삶 가운데서의 사역, 목표, 일 혹은 과업으로의 부르심이다.

구약에서 일어난 소명 사건은 대부분 이차적 소명에 관계된다. 그것은 이스라엘은 이미 하나님이 주도적으로 선택해서 부르신 백성으로 일차적 소명을 전제하기 때문이다. 그러나 신약에서는 이차적 부르심과 함께 일차적 부르심 또한 자주 등장한다. 이는 예수 그리스도를 통해 새로운 삶의 의미와 방향이 주어진 새 시대가 도래했기 때문이다.

성도들은 누구나 살아가면서 이러한 두 가지 종류의 부르심에 직면한다. 먼저 성도로서 살아간다는 것은, 일차적 부르심을 감지하고 자기 자신을 부인하는 가운데 인생의 방향을 그리스도께 전환하는 데 헌신하겠다는 것을 의미한다. 이러한 바탕 위에서 우리가 새로운 방향으로 전환해 나가는 데 있어 요청되는 일들이 있다. 이것이 바로 이차적 소명이다.

---

11) 오스 기니스는 《소명》 53쪽에서 소명을 일차적 소명과 이차적 소명으로 구분한다. 그리스도를 따르는 자로서의 일차적인 소명은, 그분에 의한, 그분을 향한, 그분을 위한 것이다. 이차적 소명은 모든 것을 다스리시는 주권적인 하나님을 기억하고 모든 사람이, 모든 곳에서, 모든 것에서 전적으로 그분을 위해 생각하고 말하고 살고 행해야 한다는 것이다.
이러한 표현은 다소 이해하기에 난해하므로 쉬운 이해를 위해 다음과 같이 풀어 쓸 수 있다. 일차적 소명은 우리를 부르신 그분을 위해 그분과 함께하는 것이다. 여기서 중요한 점은 누구에게 부름받았나 하는 것이지, 무엇을 어디서 하는지가 아니다. 그리고 이차적 소명은 구체적인 장소에서 구체적인 목표나 과업을 갖고 그분을 위해 생각하고 말하고 살고 행하는 것을 의미한다.

일차적 부르심과 이차적 부르심은 어떤 사람에게는 순차적으로 일어나지만, 어떤 사람에게는 거의 동시에 일어나기도 한다.

바울의 회심

사울이 주의 제자들을 대하여 여전히 위협과 살기가 등등하여 대제사장에게 가서 다메섹 여러 회당에 갈 공문을 청하니 이는 만일 그 도를 좇는 사람을 만나면 무론남녀하고 결박하여 예루살렘으로 잡아 오려 함이라 사울이 행하여 다메섹에 가까이 가더니 홀연히 하늘로서 빛이 저를 둘러 비추는지라 땅에 엎드러져 들으매 소리 있어 가라사대 사울아 사울아 네가 어찌하여 나를 핍박하느냐 하시거늘 대답하되 주여 뉘시오니이까 가라사대 나는 네가 핍박하는 예수라 네가 일어나 성으로 들어가라 행할 것을 네게 이를 자가 있느니라 하시니 같이 가던 사람들은 소리만 듣고 아무도 보지 못하여 말을 못하고 섰더라 사울이 땅에서 일어나 눈은 떴으나 아무것도 보지 못하고 사람의 손에 끌려 다메섹으로 들어가서 사흘 동안을 보지 못하고 식음을 전폐하니라(행 9:1-9).

사도 바울의 소명 사건은, 흔히 사울—바울의 옛 이름—의 회심 사건으로 불린다. 이것은 일차적 소명과 이차적 소명이 거의 동시에 일어났기 때문이다. 사도 바울은 다메섹 도상(途上)에서의 사건을 통해 그동안 자신이 추구한 인생의 가치와 전 존재의 방향이 잘못되었음을 깨닫고, 새로운 존재로 방향을 180도 전환한다. 뿐만 아니라 핍박자에서 복음 전파자로 변신해 전 세계에 복음을 전하는 과업을 감당한다.

사도 바울의 소명 사건은 묵시적 체험으로 종종 착각되곤 한다. 이것은 성화(聖畵)나 성경 만화 혹은 이야기책에서 사도 바울의 다메섹 체험을 극히 회화적으로 그리기 때문이다. 다메섹 체험을 묘사한 그림 대부분은 중앙에 강렬한 빛이 있고 그 가운데 예수님의 모습이 나타난다. 그리고 그 빛을 보고 사도 바울을 비롯한 군병이 마차에서 쓰러져 눈을 가리고 주변에 누워 있다.

그러나 말씀을 자세히 살펴보면 사도 바울은 강렬한 빛 외에는 아무것도 보지 못했다. 성경은 사도 바울이 체험한 빛이 예수님의 형상으로 나타났다고 묘사하지 않는다. 바울은 강렬한 빛을 보았을 뿐이다. 빛 체험이 의미 있게 다가온 이유는 이후에 주님의 음성이 있었기 때문이다. 즉, 그가 빛 다음에 경험한 것은 환상이 아닌 **소리**였다. 여기에서 주목할 점은 빛은 바울과 군사들이 함께 보았지만 예수님의 음성은 오직 바울만 들었다는 것이다(행 22:9).

"사울아, 사울아 네가 어찌하여 나를 핍박하느냐."

이것은 환상 혹은 묵시 체험이라기보다는 신적 현현, 즉 하나님의 임재 체험에 가깝다. 여기서 강조되는 것은, 사도 바울이 본 환상이 아니라 오히려 그가 엎드러져서 들은 소리에 있다. 바울은 너무나도 또렷하게 들리는 음성에 놀라 묻는다.

"주여, 뉘시오리이까?"

여기서 '주'는 예수님을 인식하고 부른 것이 아니라 알지 못하는 초월적 존재에게 묻기 위해 사용한 '존칭어'라고 할 수 있다. 영어의 존칭어 'Sir'에 해당한다. 그러자 그 음성은 다음과 같이 대답한다.

"나는 네가 핍박하는 예수라."

여기서 '나는 ~이다'라는 표현은 헬라어로 '에고 에이미'(ἐγώ εἰμι)다. 이 표현은 하나님이 당신의 신적 현현을 드러낼 때 주로 사용하는 표현으로 요한복음에 자주 나타난다. 여기서 예수님은 당신을 하나님으로 계시하고 있다. 그동안 바울이 핍박했던 예수님이 바로 하나님이심을 뜻한다. 이것은 그때까지 추구해 왔던 사도 바울의 인생 방향을 정반대로 바꾸어 놓는 일차적 부르심 사건이었다. 그야말로 사도 바울은 전기에 감전된 듯한 충격을 받았을 것이다. 성경 본문은 사도 바울이 내면적으로 어떤 변화의 과정을 겪게 되는지 더 이상 언급하고 있지 않다. 그러나 다메섹 사건 이후에 급격하게 변화된 바울의 모습은, 그가 존재적 부르심에 응답했음을 분명히 보여 준다.

그리고 존재적 부르심은 거기서 멈추지 않는다. 사도 바울의 회심은 곧이어 사명으로 연결된다. 사도행전 26장 15절 이하에서 사도 바울은 자신의 증언을 통해, 다메섹 사건 중에 일어난 일차적 부르심에 이어 발생한 이차적 소명 사건을 알려 준다.

나는 네가 핍박하는 예수라 일어나 네 발로 서라 내가 네게 나타
난 것은 곧 네가 나를 본 일과 장차 내가 네게 나타날 일에 너로
사환과 증인을 삼으려 함이니 이스라엘과 이방인들에게서 내가
너를 구원하여 저희에게 보내어 그 눈을 뜨게 하여 어두움에서
빛으로, 사단의 권세에서 하나님께로 돌아가게 하고 죄 사함과
나를 믿어 거룩케 된 무리 가운데서 기업을 얻게 하리라(행
26:15-18).

사울의 극적인 존재 변화에 이어 일어난 일은, 그가 앞으로 하나님을
위해 해야 할 구체적인 사명에 관한 것이었다. 그 사명은 사울이 예수님
의 증인이 되어 이스라엘과 이방인에게 복음을 전해야 한다는 것이었다.

이 사건 후 사도 바울은 자신의 혈육과도, 동족 중 그 누구와도 의논하
지 않고 아라비아 왕국—나바태아 왕국, 오늘날의 암만—에 갔다가 다시
다메섹으로 돌아온다. 그가 아라비아에서 무엇을 했는지에 대해 사도행
전은 침묵하지만 사도 바울은 자신의 이차적 부르심 사건, 즉 복음 전파
의 사명을 감당했던 것으로 보인다. 바울이 돌아올 무렵, 시리아와 길리
기아 지방의 그리스도인들이 바울의 소명 사건으로 인해 하나님께 영광
을 돌렸다는 것은 이를 잘 보여 준다(갈 1:21-24).

사도 바울은 자신이 새로운 존재로 부름받은 사실에 감격해하며 복음
전파의 사명을 감당하기 위해 일생 동안 열정적으로 살아간다. 하나님의
부르심에 대해 바울의 심장에서 고동쳐 나오는 고백을 들어 보자.

나의 달려갈 길과 주 예수께 받은 사명 곧 하나님의 은혜의 복음 증거하는 일을 마치려 함에는 나의 생명을 조금도 귀한 것으로 여기지 아니하노라(행 20:24).

이러한 고백처럼 그는 자신의 생명을 다해 복음을 전했고, 결국 복음을 위해 순교하기에 이른다.

한 가지 주목할 점은, 바울이 자신을 향한 하나님의 부르심에 충실하기 위해 최선을 다했지만 부르심을 완수하기 위한 자신의 소원과 주님이 주신 소명이 충돌하는 일도 있었다는 것이다. 바울은 복음을 이방인에게 전하기 위해 주님께 부르심 받았고, 자신의 소원 역시 이방인에게 복음을 전하는 것이었다. 그러나 구체적인 부분에서 두 가지가 충돌한다. 사도행전 16장 7절 말씀은 그 대표적인 예다.

무시아 앞에 이르러 비두니아로 가고자 애쓰되 예수의 영이 허락지 아니하시는지라.

바울은 비두니아로 가서 복음을 전하려 했다. 그러나 성령님은 이를 허락지 아니하셨다. 바울이 복음을 전하려 한 것은 분명했다. 그러나 그 구체적인 일을 이루는 방법에서 바울 자신의 소원과 성령님의 인도하심이 충돌했다. 결국 사도 바울은 성령님의 인도하심을 확인하고 자신의 생각을 내려놓는다.

주님이 주시는 소명과 자신이 마음에 품는 소원의 지향점이 일치할 수 있다. 그러나 방향이 같다 하더라도 목표, 과정, 방법, 수단과 같은 구체적인 영역에서 성령님의 인도하심과 자신의 바람이 전혀 다를 수 있다. 물론 하나님은 우리의 자유의지를 존중하시지만, 때로 당신의 방식을 제시하기도 하신다. 이럴 때 우리는 하나님의 인도하심을 겸손하고 민감하게 분별해 순종할 필요가 있다.

3 | 부르심의 특징

앞서 살펴본 것처럼 성경에 등장하는 부르심 사건들은 다양한 특징을 갖고 있다. 명확한 이해를 위해 그 특징을 차례대로 정리해 보자.

우선 소명 사건은 하나님이 먼저 시작하신다. 하나님이 우리를 먼저 부르신다는 것이다. 결코 내가 시작하는 것이 아니다. 내가 준비할지라도 하나님이 불러 주시지 않으면 소명 사건이 일어나지 않는다. 이런 면에서 소명은 스스로 미래에 대한 계획을 세우고 목표를 설정하는 소원 혹은 비전과는 구분된다.

부르심은 어느 날 불쑥 찾아온다. 부르심은 듣는 사람이 부르심에 응답할 자신감을 갖기까지 기다리지 않는다. 부르심이 왔을 때, 모세는 스스로 자격이 없다며 극구 부인한다. 그러나 하나님의 시각에서는 그때가 모세를 향한 가장 적절한 부르심의 시기였다. 이처럼 부르심의 시기는 우리 편에서 준비하기보다 하나님의 준비되심이 더 중요하다. 왜냐하면 부르심은 하나님의 주도적 역사이기 때문이다. 따라서 부르심에는 우리 자신이 부름을 원하고 준비했는지보다 과연 하나님이 지금 '나'를 부르기 원하시는지가 더욱 중요하다.

하나님의 부르심은 한 개인의 자격과 조건을 뛰어넘는다. 그러나 우리는 스스로가 판단하는 조건 때문에 조급해진다. 스스로가 생각하는 기준이 어느 정도 충족되어야 부르심을 감당할 수 있다고 생각한다. 청년들이 부르심에 도전할 때, 흔히 도전하는 것이 고지론이다. 이는 사회에서 인정받고 영향력 있는 자리, 즉 고지(高地)에 들어가 그곳에서 그리스도인의 영향력을 발휘해야 한다는 것이다. 이와 반대되는 개념이 미답지론(未踏地論)이다. 아직 다른 사람이 밟아 보지 못한, 다른 사람이 가기 싫어하는 곳으로 들어가 그곳에서 빛과 소금의 역할을 감당하자는 주장이다. 그러나 하나님의 부르심은, 이 둘 중 어느 하나에 고정되지 않고 양자를 모두 포괄한다. 사도 바울을 보라. 그는 당대 최고 엘리트요, 종교 귀족이었다. 모세를 보라. 애굽 최고의 영향력 있는 자리에 있다가 그 후 아무도 알아주지 않는 목동의 신분이 되어서야 부르심을 받지 않았는가? 베드로는 어떠한가? 그는 평범한 갈릴리 촌구석에 사는 어부의 신분으로 부르심을 받았다. 이처럼 성경에 등장하는 부르심은, 그 사람이 갖춘 자격이나 조건을 뛰어넘어 다양하게 이루어진다.

부르심은 종종 구체적 그림이 결여된다. 사람은 확실한 것을 좋아하지만, 하나님은 당신의 일꾼을 늘 불확실성 속으로 부르신다. 이런 불확실성 가운데 가장 확실한 것은, 지금 '나'를 부르시는 그분의 음성뿐이다. 그리고 신뢰하기 힘들 것 같은 현재 상황에서 주님의 음성은 소명자의 미래를 보장한다. 하나님은 아브라함에게 "너의 본토 친척 아비 집을 떠나라"고 부르셨다. 그러나 아브라함은 당장 어디로 가야 할지 몰랐다. 예수님도 베드로에게 "나를 따르라"고 부르셨다. 그러나 베드로는 예수

부르심은 종종 구체적 그림이 결여된다.

님을 따라 어디로 갈지 몰랐다. 확실한 것은, 여기를 떠나 그분을 따른다는 것뿐이었다. 그러나 결국 부르심의 음성은 소명자의 인생을 가장 확실하고 아름다운 그림으로 만들어 간다.

부르심에는 듣는 사건과 보는 사건이 함께 일어난다. 시간적인 선후는 상황에 따라 다르지만, 듣는 사건이 그 중요성 면에서 더욱 소중하다. 소명은 보는 사건이 아니라 듣는 사건이기 때문이다. 성경에는 소명 사건에 묵시적 환상 체험이 동반되는 경우가 있는데, 이때의 체험은 음성으로 인해 의미를 갖는다. 환상에는 부르심 사건이 반드시 수반되는 것이다. 보기만 하고 음성이 없으면 무의미한 계시 혹은 환상 사건으로 끝날 수 있다. 말씀의 안내가 없으면 이런 사건은 좀처럼 이해하기 어려울 뿐 아니라, 설사 이해한다 하더라도 이를 온전히 알기까지는 많은 시간이 걸린다.

부르심은 삶의 구체적 현장 가운데 일어난다. 부르심을 받은 사람들은 대부분 자신이 뿌리내리고 있는 구체적 삶의 현장에서 소명을 경험했다. 모세는 양을 치다가 부르심을 받았고, 아브라함은 고향 땅에 머무르다 부르심을 받았다. 또 예수님의 제자들은 갈릴리 호숫가에서 물고기를 잡다가 부르심을 받았고, 바울은 그리스도인을 핍박하러 갈 때 부르심을 받았다. 이처럼 부르심은, 우리가 처한 삶의 구체적 현장 가운데에서 일어난다. 부르심은 깊은 산속에 격리되어 금식기도를 해야만 받을 수 있는 것이 아니다.

소명 사건에는 종종 하나님을 강렬하게 체험하는 일이 일어나는데, 이러한 체험은 부르심을 명확하게 한다. 성경에 보면 부르심 이전에 하나님의 임재를 경험하는 경우가 많다. 이사야를 보라. 성전에 임한 하나님의 임재 앞에서 자신의 더러움을 깨닫고 탄식하지 않는가? 베드로가 예수님의 임재 앞에 고백한 첫 마디는 "주여 나를 떠나소서. 나는 죄인이로소이다"였다. 하나님의 임재는 인간의 더러움을 직시하게 한다. 그리고 인간 자신의 현 상태를 자각하게 하고, 하나님의 요청을 더 또렷이 들도록 도와준다. 뿐만 아니라 부르심에 자원하는 마음으로 응답할 수 있도록 동기를 부여한다.

부르심은 인간의 응답을 요청하고, 그 응답을 통해 완성된다. 하나님은 우리를 부를 뿐 아니라, 우리가 그분의 부르심에 기꺼이 응답하기를 기대하신다. 하나님의 요청이 있지만 우리가 그 음성을 제대로 분별하지 못하고 응답하지 않는다면 그 부르심은 무효화된다. 하나님의 부르심을 분별하는 것에 대해서는 뒤에 가서 좀더 자세히 살펴볼 것이다.

소명의 응답은 믿음을 요청한다. 하나님의 부르심은 사람의 상식과 기대를 뛰어넘는데, 이는 하나님의 뜻이 사람의 생각과 다르기 때문이다. 하나님의 부르심은 아무도 가 보지 않은 '블루오션'(blue ocean)[12]의 길인 경우가 많다. 이때 요청되는 것이 믿음이다. 여기서 믿음은 부르심의 내용보다 부르신 분을 신뢰하는 것을 뜻한다.

---

12) 이 용어는 김위찬 교수의 저서 《블루오션 전략》(서울: 교보문고, 2005)에서 가져왔다. '블루오션'은 아무도 시도해 보지 않은 창의력 넘치는 미개척지를 비유한 용어로, 치열한 경쟁이 일어나 서로를 핏빛으로 물들게 하는 무한경쟁 사회를 표현하는 '레드오션'(red ocean)과 반대되는 말이다.

부르심은 열려 있다. 이것은 하나님의 부르심이 우리에게 숨 쉴 여유조차 주지 않고 꽉 짜인 틀에서 무엇인가 해야만 하는 강압적인 그림이 아니라는 것이다. 오히려 하나님의 부르심은 구체적인 부분에서 수정될 수도 있다. 이것은 하나님의 부르심이 종종 완벽한 청사진이라기보다는 전체적인 방향을 지시하는 나침반과 같기 때문이다. 모세가 아직 하나님의 부르심을 100퍼센트 받아들일 준비가 되어 있지 않자, 하나님은 구체적인 사역의 부분에서 모세의 요청대로 결국 아론을 동역자로 붙여 주셨다.

부르심은 구체적인 목표 이전에 길에 관한 것이다. 우리는 '소명'이라고 하면 거창한 목표를 생각하기 쉬우나, 하나님은 먼저 우리가 지금까지 가던 길에서 돌아서서 당신께서 원하시는 길로 갈 것을 요구하신다. 길이라는 것은 삶의 방식과 태도, 가치관 등 우리 전 존재의 방향에 관한 것을 의미한다. 이는 제자로서 가야 할 좁은 길인 제자도와 관련된다. 이 길은 단거리 달리기가 아니라 장거리 마라톤이다. 일평생 걸어야 할 길을 뜻한다. 우리의 구체적 부르심은 이 길 위에서 평생 추구해야 할 것일 수도 있고, 때로는 단기적으로 수행하고 마쳐야 하는 경우도 있다.

일차적 부르심과 이차적 부르심은 대개 시간상으로 순차적으로 일어나기도 하고 때로는 동시에 일어나기도 한다. 모세는 80세에 구체적 소명에 대한 부르심을 받았다. 반면 바울은 회심과 거의 동시에 구체적 소명을 받았다.

부르심에 순종할 때, 소명은 종종 비전으로 구체화된다. 부르심이 때론 막연하더라도 믿음으로 순종하면 그 결과로 부르심의 이유를 알 수 있고, 부르심의 구체적인 그림이 점차적으로 주어지는 것이다. 아브라함이 믿음으로 결단하고 갈 바를 알지 못하고 떠났을 때, 하나님은 그를 한 걸음 한 걸음 인도해 결국 기나안 땅에 이르게 하셨다. 제자들 역시 예수님을 따라 어디로 가는지도 모른 채 "나를 따라오너라"는 부름에 응답했을 때, 사람 낚는 어부로 변화되어 예루살렘과 온 유대와 사마리아와 땅 끝까지 이르러 복음을 전하는 가시적 목표인 비전을 갖게 되었다.

때로 소명과 소원은 충돌한다. 하나님의 부르심과 우리 자신의 열망이 완전히 일치한다면 가장 이상적이지만, 하나님의 영광을 위한 일일지라도 구체적인 부분에서 하나님이 원하시는 것과 우리 자신이 원하는 것이 충돌할 수는 있다. 이때 하나님의 인도하심과 자기 내면의 소리를 민감하게 분별할 필요가 있고, 자신의 열망을 하나님의 인도에 복종시켜야 한다.

소명은 한 개인의 장래를 위한 것이라기보다 공동체와 하나님 나라를 위한 것이다. 오늘날 소명의 개념은 너무 개인화되어 가는 경향이 있다. 성경에 나타난 부르심은 인격적이고도 개별적으로 이루어진다. 그러나 개별적 부르심은 전체 공동체를 위한 부르심으로 이어진다. 부르심이 하나님에게서 오는 것인지 아닌지 분별하는 방법 중 하나는, 이 부르심이 한 사람의 만족과 유익에 그치는지 아니면 하나님 나라를 위하고 확장하는 데 공헌하는지 냉철하게 살피는 것이다.

소명을 성급하게 가시화하려고 할 때 종종 문제가 일어난다. 아브라함이 부르심에 순종해 가나안 땅에 갔을 때, 그곳에 기근이 들었다. 하나님이 인도하신 곳에 기근이 오자 아브라함은 흔들렸다. 결국 그는 가나안 땅에 머무르지 않고 애굽으로 피신했고, 애굽에서 뜻하지 않는 어려움을 겪었다. 이처럼 우리도 하나님의 부르심을 이루려고 다급하게 서두른다. 그리고 서두름은 때때로 하나님의 말씀을 끝까지 신뢰하지 못하게 한다. 소명을 이루기 위해서는 부르신 분을 끝까지 신뢰하는 믿음과 인내가 반드시 필요하다.

4 | 왜 음성인가 — 음성과 시각적인 것 배후에 전제되는 인지 및 사고방식의 차이[13]

하나님은 당신의 자녀에게 음성을 들려주며 부르신다. 왜 하나님은 그림보다 음성을 주시는가? 하나님의 뜻을 이루는 데 음성이 시각보다 적합하기 때문이다. 우리는 그 이유를 음성 배후에 전제되는 인지 및 사고방식을 시각적인 것과 비교할 때 보다 선명하게 이해할 수 있다. 여기서 인지방식은 사물을 인식하고 받아들이는 것을 의미한다. 인지방식에 따라 사고의 형성과 방향 또한 다르게 형성되는데, 여기서는 서구 사회의 지배적 인지방식인 헬라적 인지방식과 성경의 토대를 이루는 히브리적 인지방식의 차이점을 살펴보도록 하자.

히브리적 인지방식 vs. 헬라적 인지방식

헬라인들은 진리를 인식하는 데 주로 시각을 사용한다. 반면 히브리인

---

13) 헬라인과 히브리인의 사고방식의 차이에 대해서는 다음의 책이 매우 유용하다. T. Boman, trans. by J. L. Moreau, *Hebrew Thought Compared with Greek*, 2nd ed(New York: W. W. Norton, 1970).

들은 청각을 사용한다. 헬라인에게 진리란 무엇인가? '진리'를 의미하는 헬라어 형용사 '알레테스'(ἀληθές)는 '없음'을 의미하는 '아'(α)와 '감추어 짐'(hidden)을 의미하는 '레테스'(ληθές)가 결합된 단어다.[14] 즉, 이들에게 진리란 감추어졌던 것이 눈으로 볼 수 있도록 드러나는 것이다. 이러한 진리 개념으로 인해 '알다'(γινώσκω)라는 동사는 시각적 관찰을 통해 안다는 의미를 갖으며, '지식'(γνῶσις)을 의미하는 명사 역시 눈으로 보이는 진리의 의미를 강하게 내포한다.

헬라의 대표적 철학자인 플라톤이 추구한 진리의 예를 보자.

《플라톤의 국가론》[15]을 보면 동굴의 비유를 통해 진리를 이야기하는 부분이 있다. 어떤 사람이 동굴 안에서 벽을 마주보고 앉아 있다. 그는 동굴 바깥에서 사람과 동물이 지나다니는 그림자만을 **보고** 그것이 '진리'라고 생각한다. 그러나 바깥세상을 아는 사람은 동굴 안의 사람이 착각에 빠져 있다는 것을 안다. 그를 착각에서 벗어나게 하려면 어떻게 해야 할까? 그를 동굴 밖으로 이끌어 내어 진짜 세상을 **보여 주어야** 한다. 플라톤은 진리를 인식하기 위해 참된 진리의 세계를 '볼' 것을 주장했다. 반면 히브리적 사고방식은 진리를 '듣는 것'으로 규정한다. 히브리인들이 사물의 본질적 특성을 지칭하는 용어가 있다. 바로 '다바르'(דָּבָר)다. '다바르'란 하나님의 말씀, 즉 하나님의 입으로 선포된 말씀을

---

14) E. Boisacq, *Dictionnaire étymologique de la lanuge Grecque*, 위의 책 202쪽에서 재인용하였다.
15) 플라톤 저, 최현 역, 《플라톤의 국가론》(서울: 집문당, 1990).

의미한다.[16] 히브리인들은 말씀을 통해서만 사물이 의미를 갖는다고 보았다. 히브리인들에게 말씀이 없는 것은 무의미하며 아무것도 아니다. 창세기 1장 말씀은 이를 잘 보여 준다. 태초에 공허하고 혼돈했던 세상은 하나님의 말씀이 선포됨으로써 질서를 찾고 무의미(공허) 가운데 의미를 찾아간다.[17] 이처럼 히브리인들은 말씀을 진리의 핵심으로 보았고, 이 진리를 파악하기 위해 청각적 감각을 발달시켰다.

이렇듯 헬라인과 히브리인의 인지방식은 다를 뿐만 아니라 진리의 성격도 서로 다르게 형성되었다. 헬라인에게 진리는 객관적이다. 이를 잘 보여 주는 분야가 기하학이다. 기하학은 도형 및 공간에 관한 성질을 연구하는 학문이다. 헬라인들은 순수한 시각 기능을 통해 도형을 객관적으로 정확하게 그리고, 이 도형이 갖는 객관적인 특성을 파악하려고 노력했다. 그들은 눈에 보이는 현상을 객관적으로 다루고, 서로 간의 관련성을 파악하기 위한 깊은 생각을 하면서 논리적 사고와 추론을 발달시켰다. 또한 이들은 논리적 사고와 추론을 통해 눈에 보이지 않는 것까지 볼 수 있는 통찰력을 추구하려 했는데, 이런 통찰력을 통해 나온 순수한 관념(pure idea)을 '테오리아'(θεωρία)라고 한다. 테오리아는 오늘날 이론을 의미하는 영어 'theory'의 어원이다. 헬라인에게 테오리아는 '시각적 관찰(observation)을 통해 파악한 진리'를 의미한다.[18] 이들은 사물을 바

---

16) 위의 책, 184쪽.
17) J. Levenson, *Creation and The Persistence of Evil: The Jewish Drama of Divine Omnipotence*(Princeton: Princeton Univ. Press, 1988), 3-13쪽.
18) 위의 책, 115쪽.

라볼 때 객관성을 유지하기 위해 사물의 인격성을 배제하고 비인격적 객체로 바라본다. 그래야만 논리적이고 객관적인 진리 탐구가 가능하기 때문이다. 반면 히브리인에게 진리는 주관적이다. 이들에게 말씀을 대면하는 사건은 하나의 의미 있는 경험이다. 히브리인들은 귀로 듣고 회상을 통해 음성을 기억하며, 이를 통해 자신이 경험했던 지난 시간을 역동적으로 재조직하여 의미를 창조한다. 이런 면에서 히브리인들의 진리는 논리적이기보다 직관적이고, 지성을 통해 인지적으로 이해하기보다 행동과 사건을 통해 경험으로 아는 것이다. 그렇다면 하나님은 어떻게 계시하는가? 하나님은 자신의 말씀을 역사—하나님의 시간—를 통해 계시한다. 말씀이 사건으로 이루어지는 역사를 통해 드러나는 것이다. 하나님의 말씀은 허공에 선포되고 끝나지 않는다. 하나님의 말씀은 살아 있고 운동력이 있다. 그래서 그것은 좌우에 날선 어떤 검보다도 예리해 혼과 영, 관절과 골수를 찔러 쪼개기까지 하며 사람의 마음과 심령을 감찰하기도 한다(히 4:12). 하나님의 말씀이 역사를 통해 경험된 사건이 있다. 바로 예수 그리스도 사건이다. 성경은 다음과 같이 말씀하고 있다.

> 하나님의 사랑이 우리에게 이렇게 나타난 바 되었으니 하나님이 자기의 독생자를 세상에 보내심은 저로 말미암아 우리를 살리려 하심이니라 사랑은 여기 있으니 우리가 하나님을 사랑한 것이 아니요 오직 하나님이 우리를 사랑하사 우리 죄를 위하여 화목제로 그 아들을 보내셨음이니라(요일 4:9-10).

이 말씀에 따르면 하나님은 명제와 진술을 통해 아는 분이 아니라, 사랑하는 독생자를 아낌 없이 내어 주기까지 하신 하나님의 구원 행동을 통해 경험적으로 알 수 있는 분이다. 만약 헬라인이 사랑을 정의한다면 사랑의 종류를 열거하고 이에 따른 정의를 내리려 했을 것이다. 그러니 성경은 사랑을 객관적 명제로 정의하지 않는다. 왜 그러한가? 하나님의 사랑은 역동적 경험을 통해서만 제대로 알 수 있기 때문이다. 이런 면에서 헬라인들의 진리는 사람에게 지식을 제공하고 이해를 돕는 데 그치지만, 히브리인들의 진리는 사람의 전 존재를 변화시키는 힘을 갖는다.

헬라적 사고방식은 현대 사회의 사고와 기술 발달에 지배적인 기초가 되었다. 이러한 사고방식에 익숙한 우리는 인생에 관한 소명의 문제도 시각적으로 파악하려 한다. 그러나 시각(視角)은 우리 자신이 성장함에 따라 변한다. 시각은 변화의 상황에 새로운 그림을 요청하며 유연하게 대처하기가 쉽지 않다. 그러나 음성은 이와 다르다. 하나님의 음성은 변화하는 상황 가운데서도 우리로 하여금 역동적인 하나님의 말씀을 경험하고 이루도록 이끌어 준다. 이런 면에서 하나님의 음성은 변화하는 인생의 사막을 건널 때 비전보다 더 유용하다.

관계 **지향**적 사고방식 vs. **목적 지향**적 사고방식

히브리적 사고방식은 동양적 사고방식과 상당한 유사점이 있다. 히브리적 사고에서 말씀을 경험하고 체험하는 것은 동양의 관계 지향적 특성과 연관이 있다. 반면 헬라적 사고방식은 오늘날 서구의 목적 지향적 사고방식에 많은 영향을 끼쳤다.

음성은 그 배후에 관계 지향적 특성을 갖는다. 음성은 보이지 않는 하나님을 믿고 신뢰할 때 자신에게 의미 있게, 능력 있게 다가올 수 있기 때문이다. 따라서 하나님의 음성은 우리 자신의 신뢰를 전제로 한다. 그리고 신뢰는 자발적인 순종을 이끌어 낸다. 그에 반해 그림은 객관적인 사실을 관찰하고 그림 자체에 있는 특성을 파악하는 데 주위를 집중한다. 그래서 우리 앞에 그림이 주어지면, 우리는 그림 자체를 중요시해 그림을 향해 달려 나가기 쉽다. 그리고 그림이 너무 멋있다 보면 하나님보다 그림을 더 중요하게 느낄 수도 있다. 결국 그림은 목적 지향적 특성을 갖는다. 먼저 동양적인 관계 지향성을 살펴보자. 예로부터 동양은 이웃과의 관계를 중요한 가치로 여겼다. 공자나 맹자 같은 동양 철학자들의 사상도 대부분 관계의 원리를 밝히는 윤리적 내용이 많은 부분을 차지한다. 동양의 핵심 도덕인 유교에 따르면, 인간은 군주와 백성, 부모와 자식, 남편과 아내, 노인과 젊은이, 친구와 친구 등 수많은 관계 속에서 마땅히 지켜야 하는 의무를 갖고 있는 관계적 존재다.[19] 여기서 '나'라는 존재는 타인과의 관계 맺음에 의해 규정될 뿐, 결코 독립적으로 존재하지 않는다. 심지어 우주 만물의 이치를 밝히려는 주역(周易)조차도 만물

---

19) 리처드 니스벳 저, 최인철 역, 《생각의 지도》(서울: 김영사, 2004), 31쪽.

의 각 요소를 규명하기보다 이들이 서로 어떤 관계를 맺고 변화하는지 밝히려 했다. 대표적인 음양의 원리를 보라. 음양은 서로 반복된다. 음이 끝나는 곳에 양이 있고, 양이 끝나는 곳에서 다시 음이 시작된다. 음은 양 때문에 존재하고 양은 음 때문에 존재한다. 이것이 대극(太極)에 잘 나타나 있다. 붉은 양이 꼬리를 그리며 사라져 가는 곳에서 다시 푸른 음이 시작되어 순환하고, 음이 사라져 갈 때 양이 시작된다. 이처럼 음양의 원리는 반대지만, 서로의 존재 때문에 더욱 완전하고 더 잘 이해된다. 이와 같이 동양적 사고방식에서는 항상 개체가 전체와의 관계 속에서 이해된다.

반면 서구의 사고방식은 상호 간의 관계보다 개별적 요소에 관심을 기울인다. 이들은 객체 하나하나를 분석하려 하고, 사물을 형상이나 질료와 같은 요소로 구분한다. 또 이들은 우주관에서도 우주 만물 간의 관계를 규명하기보다 우주를 이루는 근본적인 각각의 구성 요소를 밝히는 데 관심이 많다. 이는 자기 개념(self-concept)에서도 마찬가지다. "당신 자신에 대해 말해 보시오"라고 요구하면, 미국인과 캐나다인은 주로 자신의 성격—나는 친절해요—에 대해 혹은 행동—나는 운동을 자주 해요—에 대해 설명한다. 그러나 한국인은 관계적인 면—나는 친구와 노는 것을 좋아해요, 나는 직장에서 아주 열심히 일해요—에서 대답한다.[20]

동양의 관계 지향성과 서양의 목적 지향성은 의술에서도 대조적으로

---

20) 위의 책, 53쪽.

드러난다. 동양 의술은 몸 전체와의 관계 가운데 부분을 치료한다. 그 대표적인 사례가 침술이다. 침술은 몸 전체 경락(經絡)의 흐름을 원활이 함으로써 아픈 부분을 낫게 한다. 그러나 서양은 몸 각 부분을 별도로 진료하는 전문의가 있다. 피부과는 피부만을 보고, 정형외과는 뼈와 근육을 주로 본다. 또 이비인후과는 코와 귀, 목을 전문적으로 본다. 이처럼 서양은 개별적인 요소에 집중한다. 이런 차이에 따르면 관계 지향성의 최고 목적과 가치는 원만하고 좋은 관계를 이루는 것이고, 목적 지향성의 최고 가치는 목적하는 바를 이루는 것이다.

이것은 소명에 매우 의미 있는 시사점을 준다. 우리가 소명의 길을 갈 때 가장 중요한 점은 주님과 밀접하고 아름다운 관계를 맺는 것, 즉 그분을 더욱 힘써 사랑하는 것이다. 반면 비전을 추구하는 오늘날의 많은 젊은이는 하나님보다 비전 자체가 목적이고 큰 관심사다. 그리고 비전을 통해 하나님을 더욱 사랑하기보다는 자신의 야망을 이루고 많은 사람에게 인정받는 것을 목적으로 삼는다. 비전 자체가 자신이 이루어야 할 최고의 목적이 되어 온통 자신의 힘과 에너지를 쏟아 붓고 있는 것이다. 그러나 소명은 그 자체를 통해 주어지는 구체적인 목표도 중요하지만, 그것보다 소명을 주시는 분과의 관계에 더욱 집중한다.

5 | 꿈－신비로운 부르심

3부를 마무리하기 전에 살펴보아야 할 중요한 주제가 하나 있다. 바로 꿈이다. 꿈은 종종 비전과 같은 말로 이해되어 많은 젊은이에게 혼란을 가져다준다. 그러나 꿈은 비전 이상의 심오한 의미를 지니고 있다. 만약 꿈을 제대로 이해한다면 비전과 소원, 부르심 사이의 혼란을 해소해 하나님이 우리 안에 행하시는 위대한 역사를 발견하고 인정하는 데 많은 도움을 받는다. 뿐만 아니라 그리스도의 제자로 부름받은 우리의 삶에 일어나는 다양한 역설을 받아들일 수 있게 된다.

일반적으로 꿈은 단순히 우리의 수면 중에 일어나는 무의식 영역에 속한 활동이지만, 다른 의미를 지칭하기도 한다. "꿈을 가져라", "원대한 꿈을 품어라"고 말할 때의 꿈은 비전과 동일시되는 의미다. 이때 꿈은 자신이 강렬하게 소망하는 것을 품는 마음의 소원을 의미한다. 그러나 성경에 나오는 꿈은 이런 의미의 꿈과 분명 다르다. 성경에서 말하는 꿈은 하나님이 목적을 갖고 당신께서 자녀들의 의지를 초월하여 주시는 초자연적인 활동이다. 여기서는 요셉 이야기를 중심으로 하나님이 사용하시는 꿈의 독특한 특징을 살펴볼 것이다.

요셉의 **꿈**, 우리도 꿀 수 있는가?

비전에 대해 이야기할 때, 요셉은 종종 언급되는 인물이다. 흔히들 요셉을 어렸을 때부터 거룩한 하나님의 꿈을 꾸었던 인물로 묘사한다. 다음은 원대한 꿈을 꾸었던 꿈쟁이(dreamer)로서의 요셉을 설명한다.

'요셉은 하나님을 위해 거룩한 꿈을 꾸었다. 그는 꿈꾸는 사람이었고, 꿈을 성취하기 위해 대가를 지불할 줄 알았다. 또 그는 꿈을 성취하기 위해 준비했고, 기회가 주어졌을 때 꿈을 포착했다. 우리도 요셉처럼 하나님을 위한 거룩한 꿈쟁이가 되자. 꿈을 성취하려면 꿈을 가져야 하고, 꿈꾸는 것을 좋아해야 한다. 꿈을 가진 사람은 목표를 설정한다. 꿈을 가진 사람은 인생의 방향이 분명하다. 이 꿈이 바로 비전이다. 그러므로 우리는 요셉과 같이 꿈쟁이, 비전을 품는 비저너리가 되어야 한다.'

이처럼 요셉은 탁월한 비전을 소유했던 대표적인 인물이었다. 그러나 성경을 좀더 깊이 살펴보면 요셉의 꿈을 비전으로 해석하는 것은 억지가 있다. 요셉의 꿈을 비전과 동일시하는 것은, 경영학에서 말하는 비전의 개념에 무리하게 짜 맞추기를 한 것이다. 왜냐하면 흔히 이야기하는 비전과 성경이 이야기하는 꿈의 기능은 매우 다르기 때문이다. 더구나 요셉이 꾼 꿈은 본인이 원한다고 꿀 수 있는 것도 아니다. 성경을 살펴보면 요셉은 어렸을 때부터 꿈을 강렬히 열망하지도 않았다. 성경은 그가 꿈을 꾸고 자신의 삶의 목표를 명확히 정하고 인생의 방향을 분명히 정했다고 기록하지도 않는다. 오히려 요셉은 본인이 원하지도 않았던 꿈 때문에 어렸을 때 가질 수 있는 꿈과 희망을 상실하고 노예로 팔려가는 끔찍한 상황을 맞이한다. 이렇게 생각해 볼 때 요셉을 위대한 비저너리의 대명사로만 언급하기에는 분명 무리가 있다.

많은 사람이 요셉의 꿈을 빗대어 비전을 강조하고 비전을 품으라고 한다. 여기서 말하는 비전은 스스로가 강렬히 원하면 얼마든지 품을 수 있는 것, 즉 우리 자신의 통제 아래 비전이 있음을 전제한다. 만약 비전의 출처가 한 개인 자신에게서 비롯된다면 우리는 얼마든지 비전을 품을 수 있다. 이때 우리는 비전을 스스로 통제할 수도 있고 계획하고 세부적인 전략을 세울 수도 있다. 그러나 요셉이 꾼 꿈은 본인 스스로의 통제에 있지 않았다. 오히려 그 통제는 하나님께 있었다. 하나님은 우리의 삶에서 우리가 원하는 대로 통제되는 분이 아니다. 오히려 우리가 그분의 통제와 질서 아래에 있다.

오늘날 우리가 이야기하는 비전과 요셉의 꿈은 분명 다르다. 그리고 앞서 살펴본 소명과도 비전은 다르다. 소명에는 직접적인 부르심이 있지만, 요셉의 꿈에는 하나님의 음성이 있지 않았다. 오히려 하나님은 그 꿈에 감추어져 있었다.

어떻게 요셉의 꿈을 이해해야 할까? 한 가지 분명한 것은, 요셉의 꿈은 오늘날 우리가 직면하고 있는 비전이나 소원, 그리고 소명의 문제와 관련해 많은 도움을 준다는 점이다.

요셉의 꿈의 성격과 요셉의 생애에 미친 그 꿈의 영향력은 무엇인가? 과연 요셉의 꿈은 오늘날 우리가 언급하는 비전과 어떤 관계가 있는가?

요셉의 꿈을 보다 구체적으로 살펴보도록 하자.

요셉의 꿈의 특징

감추어진 부르심

창세기 37장에 나타나는 요셉의 꿈은 그에게 하나님의 역사를 이루기 위한 독특한 선물임에 틀림없지만, 그 꿈에는 하나님의 부르심이 명백하게 나타나지 않는다. 오히려 하나님의 부르심이 꿈 속에 감추어져 나타난다. 따라서 꿈을 처음 마주 대했을 때, 꿈꾼 요셉뿐 아니라 그의 가족들은 과연 이 꿈이 무엇을 말하는지를 놓고 당황해하며 요셉의 꿈을 있는 그대로 받아들이지 못하고 주저한다. 그렇다면 '감추어진 부르심'(hidden calling)으로서의 꿈이 갖는 특징으로는 무엇이 있을까?

아무도 이해하지 못했다 요셉이 꾼 꿈은 두 가지였다. 하나는 형제들의 곡식 단이 요셉의 곡식 단을 둘러서서 절하는 것이었고, 다른 하나는 해와 달과 별 열한 개가 요셉에게 절하는 것이었다. 그러나 아무도 이 꿈의 진정한 의미가 무엇인지 몰랐다. 요셉 자신은 물론이거니와 요셉의 형제들도, 그리고 아버지 야곱도 몰랐다. 더구나 요셉의 꿈이 하나님의 역사인지에 대한 명확한 증거도 없었다. 왜냐하면 요셉의 꿈에는 하나님이 등장하지 않았기 때문이다. 요셉의 꿈 가운데는 하나님의 음성도 없었다. 이 꿈이 하나님에게서 비롯되었다는 암시가 나타나지 않았다.[21] 단지 부모 형제들이 절하는 꿈일 뿐이었다.

요셉의 꿈은 스스로 의도한 것이 아니었다. 그렇다고 식구들의 교육이나 가정환경에서 비롯된 분위기 때문에 꾼 것도 아니었다. 요셉의 꿈에는 꿈꾸기 위한 인간의 어떠한 결단이나 노력, 헌신도 나타나지 않는다. 꿈은 그저 어느 날 요셉에게 주어졌다. 요셉의 꿈이 어떠한 의미를 갖는지는 창세기 45장 7-8절과 50장 20절에 가서야 나타난다. 창세기 37-45장 사이에는 꿈의 의미가 숨겨져 있는데, 의미가 드러나지 않는 동안 꿈을 제대로 이해한 사람은 요셉 자신을 포함해서 아무도 없었다.

요셉의 개인적 성품과는 상관없다　　　요셉의 꿈 이야기를 보면 흔히들 요셉이 꿈을 품고 성실하게 노력했기 때문에 꿈이 이루어졌다고 표현하고 있다. 그러나 성경에서 요셉의 꿈은 그의 개인적 성품이나 자격과는 상관없이 등장한다. 요셉은 당시 야곱에게서 태어난 형제들 중 가장 힘없는 막내였다. 더구나 어렸을 때부터 하나님을 경외하며 올바르고 겸손했다는 기록이 없다. 오히려 성경은 요셉이 어렸을 때 막내로서 아버지의 편애를 받으면서 형제들을 격노시킬 정도로 오만했다고 말씀한다. 그는 철이 없었던 것 같다. 요셉이 처음 꿈을 꾸고 나서 그 꿈 이야기를 형

---

21) 《창세기》, 440쪽.

제들에게 했을 때, 그들은 요셉을 더욱 미워하게 되었다. 그렇지 않아도 아버지의 편애로 요셉을 미워하고 있었는데, 요셉의 꿈 이야기는 형제들의 속을 뒤집어 놓기에 충분했다. 이런 일이 있은 뒤에도 요셉은 형제들이 자신을 미워하는 것을 이해하지 못하고, 다시 새로운 꿈 이야기를 했다. 결국 형제들은 요셉을 죽이고 싶다는 마음을 품을 정도로 그를 미워하기에 이른다. 이러한 사실로 보아 요셉 개인의 성품이 훌륭했기 때문에 그가 꿈을 꾼 것은 아님을 알 수 있다.

그렇다면 어떻게 그는 자신도 이해할 수 없는 신비한 꿈을 꾸게 된 것일까? 그 이유는 오직 하나님께 있다. 하나님의 주도적인 섭리하심으로 말미암은 것이었다. 우리는 하나님의 섭리를 다 이해할 수 없다. 그러나 분명한 점은 하나님의 섭리는 우리가 이해하지 못하더라도 인간적인 형태의 힘을 통해 이루어진다는 것이다. 그리고 때로 인간적인 형태의 힘과 상관없이 그분의 뜻을 이루신다는 데 있다. 요셉의 꿈은 감추어진 하나님의 역사하심이다. 그 꿈에 하나님이 감추어져 있다. 그러나 꿈을 시작하고, 그 꿈을 주도적으로 이루는 분은 하나님이시다. 하나님은 그의 자격과 조건에 상관없이 신비로운 방식으로 연약하고 모자란 요셉을 선택해 꿈을 성취하는 도구로 사용하셨다. 이것은 신약의 말씀과 깊은 관계가 있다. 하나님은 세상의 미련한 것들을 택하사 지혜 있는 자들을 부끄럽게 하시고 세상의 약한 것들을 택하사 강한 것들을 부끄럽게 하신다(고전 1:27).

사람들의 통제를 뛰어넘는다   앞서 언급했듯 오늘날은 모든 것이 예측 가능하고 통제 가능한 방향으로 가고 있다. 지식의 폭이 넓어질수록 이러한 성향은 더해진다. 사람에게는 주변 상황을 통제하려는 욕구가 있다. 그렇다면 하나님은 통제를 추구하려는 인간적 상황에서 어떻게 역사하시는가? 이것을 알기 위해서는 하나님이 요셉의 꿈을 사용하시는 방식을 살펴보아야 한다.

창세기 37장에는 요셉과 형들이 각각 '꿈'을 통제하려는 상황이 벌어진다. 요셉은 자신의 꿈을 자랑으로 삼고 싶어 한다. 요셉은 자신이 직접 꾼 꿈이었지만 무슨 의미인지 정확하게 몰랐다. 그러나 그는 마냥 신나서 형들에게 꿈을 자랑처럼 말했다가 큰 어려움을 겪는다. 요셉은 단순히 형들의 반향을 기대했을지 모르지만, 결국 요셉에게 돌아온 것은 형들의 분노였다. 요셉 자신이 자랑으로 삼으려 한 꿈이 그에게 곤란을 가져오는 꿈으로 돌변했던 것이다.

한편 형들의 입장에서는 요셉의 꿈을 이 세상에서 영원히 무효화시키고 싶었다. 그들은 아버지의 심부름을 오는 요셉을 보고 외친다.

"꿈꾸는 자(dreamer)가 오는도다."

아마도 조롱하듯 이야기했을 것이다. 그들은 꿈꾸는 자 요셉을 보고 함께 모여 죽이기로 결의한다. 그들 자신의 힘으로 요셉의 꿈을 짓밟고 없애려 했던 것이다. 창세기 37장 20절에서 알 수 있듯 형제들은 다음과 같이 의논한다.

"자, 그를 죽여 구덩이에 던지고 악한 짐승이 그를 잡아먹었다 하자.

그 꿈이 어떻게 되는지를 우리가 볼 것이다.”

이 말은 형제들의 힘으로 요셉이 갖고 있는 꿈을 허사로 돌리겠다는 것을 뜻한다. 형들은 요셉의 채색 옷을 빼앗고 결국 그를 이스마엘 상인들에게 노예로 팔아 버린다. 그리고 아버지에게는 요셉이 죽었다고 말한다. 이제 요셉은 자신이 갖고 있던 모든 사회적 관계를 박탈당하고 인생의 가장 밑바닥으로 떨어진다.

그러나 요셉의 꿈은 형들의 예상처럼 완전히 짓밟히지 않는다. 오히려 그 꿈은 가능성이 없을 것 같은 노예의 상황에서 주변 상황과 협력해 선을 이루며 꿈을 이루어 간다. 꿈은 요셉의 통제도 벗어나고, 형제들의 통제도 벗어난다. 인간의 생각으로 통제할 수 있을 것 같던 꿈은 인간의 예상과는 다르게 통제 밖으로 나간다. 그리고 하나님이 예정하신 역사를 이루기 위해 그 꿈 고유의 길을 간다. 이처럼 꿈에는 하나님의 역사가 감추어져 있다. 그리고 새로운 상황 가운데서도 모든 것과 협력해 하나님의 뜻을 이루어 간다.

상식과 현실을 깨뜨리는 꿈

요셉의 꿈은 당시 그 자신의 현실과 적절한 연관성을 갖지 못했다. 그러나 시간이 지날수록 요셉의 꿈은 단순한 꿈이 아님이 드러난다. 요셉의 꿈은 직면한 현실과 갈등을 일으키고, 때로는 무력한 현실 상황 가운데 현실을 전복하는 강력한 원동력으로 작용한다. 하나님의 꿈은 상식과 현실에 휩쓸려 타협하지 않는다. 하나님은 오히려 상식을 깨뜨리고 현실을 전복하면서 꿈의 목적을 이루어 가신다. 이제부터 꿈이 요셉의 삶 각 영역에 미쳤던 영향력을 살펴보도록 하자.

가족의 현실　　　　　요셉의 꿈은 형제들의 미움을 촉발하고, 급기야 가족과의 격리를 초래한다. 요셉 자신에게 무릎 꿇고 절해야 할 형제들이 자신을 애굽의 노예로 팔아 버린 것이다. 여기서 꿈은 현실과 급격한 갈등을 일으킨다. 그러나 창세기 45장 이후를 보면 꿈은 결코 사라지지 않고, 비참에 처했던 가족을 회복시킨다. 자식을 잃은 줄 알았던 야곱은 다시 기쁨을 얻고, 기근으로 인해 생계가 어려웠던 가족은 생명을 회복한다. 그 누구도 예상하지 못했고 그 누구도 기대하지 않은 요셉의 꿈이 가족의 비참한 현실을 전복한 것이다.

노예의 현실　　　　　요셉은 노예로 애굽에 들어가서 보디발의 하인으로 일하게 된다. 그러나 그는 보디발의 아내의 유혹을 물리치면서 누명을 써 감옥에 들어간다. 그리고 그곳에서 왕의 시종들을 만나고 그들의 꿈을 해석해 준다. 이 일련의 사건을 통해 요셉은 빠른 속도로 히브리 노예에서 애굽 제국의 지도부로 진입한다. 그리고 성경은 하나님의 역사를 명확히 기술하지는 않지만, 이 모든 일의 원인 제공자로 하나님이 등장하신다. 성경은 곳곳에서 '여호와께서 요셉과 함께하셨다'라고 말씀하고 있다(창 39:2, 창 39:3, 창 39:23). 이것은 하나님의 꿈을 꾼 요셉과 보이지 않게 함께하시는 하나님의 신비한 임재 방식이다.

요셉은 히브리 노예로서 자유가 없었지만, 그가 만나는 사람들을 자유케 해 주는 사람으로 등장한다. 요셉은 집안의 온갖 일로 얽매였던 보디발을 자유케 한다. 그래서 보디발은 요셉에게 자신의 소유를 다 위임한다. 또한 그는 감옥에서도 유사한 방식으로 간수장을 자유롭게 한다. 결국 간수장은 옥중 죄수와 옥의 제반 사무를 모두 요셉에게 맡긴다. 그리고 그는 요셉에게 맡긴 것은 거들떠보지도 않고 신뢰한다(창 39:23).

요셉은 업무적인 일에서 뿐 아니라 사람의 가장 깊은 내면의 문제를 자유케 하는 사람으로 등장한다. 요셉은 감옥에서 서로 다른 두 꿈을 꾼 애굽의 고관들, 술 맡은 관원장과 떡 굽는 관원장을 만난다. 이들은 자신이 꾸었던 꿈으로 근심한다. 이 꿈은, 요셉이 어렸을 때 꾼 꿈과 비슷한 종류의 것이었다. 이는 인생의 힘으로 통제하지 못하는 하나님의 불가해한 역사 방식으로서의 꿈이었다. 이들은 한때 애굽의 고관이었는데, 왕의 노여움을 사 감옥에 갇혀 있었다. 그들을 비참에 몰아넣은 사람은 왕이었다. 그러나 그들은 꿈을 통해 왕을 넘어서 자신의 인생을 주관하는 거대한 초월적 존재를 경험한다. 그들은 자신의 삶을 통제하는 분이 왕이 아니라는 사실을 깨닫는다. 그리고 요셉은 그 주체가 바로 하나님임을 알려 준다(창 40:8). 또한 하나님의 도움으로 요셉은 이들의 꿈을 해몽해 준다. 요셉이 이들의 근심거리를 해결해 준 것이다.

그러나 다른 사람들을 자유케 한 요셉은 정작 자신이 꾸었던 꿈의 문제를 해결하지 못한 채 감옥 속에서 노예 신분으로 고통 가운데 있다.

하나님은 분명 이러한 고통의 과정을 요셉의 꿈을 이루는 중간 단계로 사용하고 계셨다. 술 맡은 관원장을 자유롭게 해 주었던 그가, 정작 자신은 꿈에 사로잡혀 어려움 가운데 있는 것이다. 그리고 역설적으로 관원장에게 자유로운 신분이 되면, 요셉 자신의 자유를 회복시켜 달라고 부탁한다. 여기서 요셉은 상식적인 사람의 도움을 기대한 것이고, 곧 그 도움이 올 것으로 확신한다. 그러나 하나님의 꿈은 이러한 기대와 확신을 지체시킨다. 하나님은 요셉이 생각지도 못한 더 큰 사건을 준비하신다.

애굽의 현실　　　　　하나님의 꿈은 보이지 않고, 때로 혼란스럽고 막연하다. 그러나 그 꿈 속에는 하나님의 역사가 감추어져 있다. 이 감추어진 하나님의 역사는 인간의 눈에 띄지 않는다. 그러나 그분의 역사는 한 개인의 삶을 변화시킬 뿐 아니라, 가족 공동체 더 나아가 한 나라와 온 세상을 변화시킬 만한 강력한 능력이 있다. 창세기 41장을 보면 애굽 왕 바로 앞에 선 요셉 한 개인 안에 부어진 하나님의 꿈이, 어떻게 애굽 제국의 세력을 무력화하고 바로를 하나님의 꿈 아래 굴복시키는지 보여 준다.

이 사건은 바로의 꿈에서 시작된다. 애굽에 있는 모든 지혜로운 자와 술객(術客)도 바로가 꾼 꿈을 풀지 못했다. 이것은 하나님의 섭리 가운데 주어진 꿈이었기 때문이다. 천하를 호령하는 애굽 왕 바로였지만, 그는 꿈 하나 때문에 국가 경영에 주도적으로 대응하지 못한 채 어떻게 해야 할지 갈피를 잡지 못한다. 불가해한 하나님의 꿈은 바로를 근심케 하고 애굽의 힘을 무력화시킨다.

애굽 왕 바로는 술 맡은 관원장의 도움으로 자신의 꿈을 해석하기 위해 요셉을 부른다. 요셉에게 들은 꿈의 메시지는, 애굽 제국이 황폐해지고 기근에 처하게 된다는 것이었다. 그동안 강력했던 애굽 제국의 힘이 이제 뜻밖의 꿈에 의해 위기에 처한다. 그리고 여기서 바로는 놀랍게도 요셉을 애굽의 총리로 등용한다. 뜻밖의 상황이 일어난 것이다. 이를 통해 요셉은 하나님이 자신에게 주셨던 그 꿈을 이루기 위해 한 걸음 더 가까이 나아가게 된다. 여기서 요셉의 꿈은 한 개인의 꿈이지만, 세계를 경영하는 하나님의 원대한 계획과 꿈에 맞물려 진행된다는 것을 알 수 있다. 하나님은 요셉 개인에게 주셨던 꿈을 통해 강력했던 애굽의 가치 체계와 체제를 무력화시킨다. 이제 하나님의 커다란 역사를 요셉을 통해 이루려고 하신다.

현실을 역전하는 꿈　　　　이상으로 살펴본 바에 따르면 꿈은 사람들의 기대와 상식, 한 사회의 가치 체계와 체제 안에 삼켜 버려질 것 같으나, 결국 그 모든 것을 역전시키고 하나님의 뜻을 이룬다. 꿈은 결코 한 개인의 능력이나 결단에 의존하지 않는다. 꿈이 어떻게 이루어질지는 아무도 모른다. 꿈이 어떻게 이루어질 것이라는 암시도 없다. 이는 꿈을 이루시는 하나님의 방법이 우리의 지각으로는 제대로 파악할 수 없는 신비롭고 불가해하다는 것을 말해 준다. 다음의 이사야 55장 8-9절 말씀은 신비로운 하나님의 방식을 잘 보여 준다.

여호와의 말씀에 내 생각은 너희 생각과 다르며 내 길은 너희 길
과 달라서 하늘이 땅보다 높음 같이 내 길은 너희 길보다 높으며
내 생각은 너희 생각보다 높으니라

감추어진 부르심 드러내기

꿈 속에 감추어진 부르심 드러내기　　요셉의 꿈이 가진 목적과 이유
는, 창세기 45장에서 요셉이 총리가 된 후 형제들을 대면하면서 분명히
드러난다. 그가 깨달은 꿈의 해석은 다음과 같다.

하나님이 큰 구원으로 당신들의 생명을 보존하고 당신들의 후손
을 세상에 두시려고 나를 당신들 앞서 보내셨나니 그런즉 나를
이리로 보낸 자는 당신들이 아니요 하나님이시라 하나님이 나로
바로의 아비를 삼으시며 그 온 집의 주를 삼으시며 애굽 온 땅의
치리자를 삼으셨나이다(창 45:7-8).

요셉은 삶의 한 정점에서 자신이 꿈꾼 이후 일어났던 일을 정리하며
그 의미를 부여한다. 그것은 요셉 자신이 하나님의 역사에 참여하고 있
다는 사실이었다. 요셉은 강제로 팔려 왔지만, 되돌아볼 때 그것은 팔린
것이 아니라 하나님이 요셉의 가족을 위해 앞서 애굽으로 보내신 것이었
다. 그것은 믿음의 조상 아브라함 자손의 생명을 기근 가운데 보존하고,

그 자손을 세상에 두시며 장차 이스라엘 공동체를 이루어 가기 위해서였다.

요셉은 자신의 꿈 속에 감추어졌던 하나님의 역사하심을 발견하고 꿈을 통해 자신을 불러낸, 그동안 막연했던 하나님이 주신 소명을 발견한다. 여기서 놀랍게도 **꿈과 부르심이 연결**된다. 그는 목적 없이 애굽에 팔려온 것이 아니라, 믿음의 백성의 생명을 이어 가기 위한 독특한 부르심을 받은 것이었다. 그동안 꿈 속에 하나님의 부르심이 감추어져 있다는 것을 발견하지 못했을 뿐, 그는 하나님의 신비한 섭리로 부르심의 길을 충실하게 걸어 왔음을 확신하게 된다.

요셉의 확신은 아버지 야곱이 죽고 난 뒤 더욱 확연하게 드러난다.

> 당신들은 나를 해하려 하였으나 하나님은 그것을 선으로 바꾸사 오늘과 같이 만민의 생명을 구원하게 하시려 하셨나니(창 50:20).

여기서 요셉은 형들의 악의까지도 하나님의 역사를 위해 사용되었다고 고백한다. 그는 꿈 속에 감추어진 하나님이 일하시는 방식을 깨닫기 시작한다. 하나님은 사람들이 선악 간에 행했던 모든 것을 재료로 하여 그분의 선을 창조해 나가신다. 하나님의 꿈은 너저분하고 치사한 인간의 행동 안에서 그 행동과 함께, 그리고 그 행동의 배후에서 그분의 선을 위해 역사한다. 이것을 로마서는 다음과 같이 말씀한다.

우리가 알거니와 하나님을 사랑하는 자 곧 그 뜻대로 부르심을
입은 자들에게는 모든 것이 합력하여 선을 이루느니라(롬 8:28).

하나님의 주권적인 뜻 아래 부르심을 입은 자들에게는 모든 것이 합력
하여 아름다운 선을 만들어 낸다. 이것이 요셉의 꿈 가운데 역사하셨던
하나님의 방법이다. 이것은 하나님이 당신의 뜻을 시작하고 승리하시는
주권적인 분임을 알려 준다. 또한 사람의 생각과 행동을 사용하시지만,
여기에 전적으로 의존하지 않는 자유로운 하나님임을 명시한다. 동시에
당신께서 주신 꿈에 대해 끝까지 신실하신 분임을 드러낸다.

꿈과 송영(頌詠) 사이에서—꿈의 파편을 찾아라　　요셉에게 역사했던
하나님은 오늘날에도 동일한 방법으로 우리에게 역사하신다. 물론 하나
님은 특정한 방법으로만 부르시는 것을 고집하지 않지만 많은 경우 요셉
과 같은 방식으로 우리를 부르신다. 이러한 방식은 불가해하기 때문에
많은 성도가 부르심이 무엇인지에 대해 혼란스러워하고 힘들어한다. 여
기서 중요한 점은, 어떻게 하나님이 주시는 꿈을 분별할 수 있느냐는 것
이다.

오늘날에도 꿈은 요셉에게 주어졌던 것처럼 초월적 꿈 혹은 초자연적
계시를 통해 주어질 수 있다. 또한 오늘날에 꿈은, 우리가 별로 대단하게
생각지 않았던 만남, 배움, 경험, 기회와 같은 여러 인간관계를 통해 조
금씩 이해될 수도 있다. 이러한 것은 꿈을 이해하고 해석하는 꿈의 조각

들이며, 한편으로는 부르심의 조각들이기도 하다. 당장 눈에 띄는 하나님의 역사가 보이지 않지만, 신비하게 섭리하시는 하나님의 역사가 암시되어 있는 것이다. 어떨 때는 암시가 어느 정도 선명하지만, 어떨 때는 암시가 선명하지 않아 감추어져 있는 것처럼 보인다. 그러나 별것 아닌 것 같던 한 사건이 장차 하나님의 놀라운 역사를 이루는 도구가 되기도 한다.

꿈을 해석하기 어려운 까닭은, 하나님의 부르심은 요셉과 같이 삶의 어느 한 정점에서 과거 회상을 통해 분별되기 때문이다. 그래서 꿈은 현재에서 의미를 파악할 수 없는 경우가 많다. 미래를 알 수 없는 우리에게 그러한 점은 답답하다. 그러나 한편으로 그것은 하나님이 역사하시는 신비로운 역사 방법이다. 이 답답함 근저에는 우리에게 무엇인가를 요청하시는 하나님의 목소리가 있다. 우리의 삶이 하나님의 섭리 가운데 미래에 대한 불확실함을 헤치고 하나님을 신뢰하며 나가야 한다는 것이다.

요셉 이야기는 오늘의 우리에게 꿈이 주는 암시와 모든 것이 밝혀지는 찬양 사이에서 살도록 말씀한다.[22] 요셉 역시 자신의 꿈이 이루어지기까지 그 사이에서 살았다. 요셉 이야기는 우리에게 현재를 보는 새로운 눈을 갖게 한다. 그것은 지금 여기가 비록 보잘것없다 하더라도 하나님의 부르심을 발견하는 한 조각이 될 수 있음을 뜻한다.

---

22) 위의 책, 440쪽.

무엇을 붙잡을 것인가? 　　　그동안 우리는 비전, 소원, 소명, 꿈의 특징을 살펴보았다. 비전은 자기 주도적이며 시각적인 요소를 강조하고, 오늘날 우리가 일반적으로 생각하는 것과 달리 성경적 근거가 빈약하다. 그리고 소원은 오늘날 혼란스런 비전의 개념을 이해하는 데 많은 도움을 준다. 또한 시각화된 소원을 비전으로 본다면, 성경적 비전의 개념을 정리하는 데 별 무리가 없을 듯하다. 이러한 시각적 요소가 강조된 소원은, 오늘날 우리가 말하는 비전과 유사점을 갖는다. 그런데 성경에 주로 나타나는 것은 '소명' 사건이다. 하나님은 당신의 일꾼을 일으키실 때, 주로 마음의 소원보다 부르심을 통해 역사하신다.

우리는 무엇보다 하나님의 부르심에 관심을 기울여야 한다. 부르심은 하나님이 당신의 일꾼을 선택해 일을 이루어 가실 때 주로 사용하는 방법이다. 물론 꿈도 하나님이 사용하시는 방식이다. 그러나 요셉 이야기에서 알 수 있듯 꿈은 감추어진 하나님의 일하는 방식으로 우리의 통제 범위를 은밀하게 벗어나서 나타나는 경우가 많다. 성경에 나타나는 비전과 관련된 다양한 개념 가운데 가장 근본적으로 우리의 정체성을 규정하고 나아가야 할 길을 알려 주는 것이 바로 '소명'이다. 부르심, 즉 소명은 하나님이 주도하시는 사건이다. 소명은 성취해야 할 목적보다 부르신 분을 신뢰하고 사랑할 것을 강조한다. 성경의 수많은 사건을 통해 발견할 수 있는 것은, 하나님은 소원과 꿈보다는 부르심 사건을 통해 가장 중심적으로 당신의 일꾼들을 선택하신다는 점이다. 따라서 우리는 무엇보다 이 부르심을 발견하고 확인하며 나아가야 한다. 우리 자신을 향한 하나나님의 부르심은 무엇인가? 그분의 음성이 제대로 들리는가?

4부에서는 주님의 음성을 어떻게 분별하고 추구해야 할지 보다 구체적으로 살펴보도록 하자.

토의 질문

1. 소명의 특징을 살펴보자. 그리고 그것이 지금 내가 추구하는 삶의 비전과 목표에 어느 정도 부합되는지 함께 점검해 보자.

2. 부르심이란 무엇인가? 그러한 부르심이 나에게는 있는가?

3. 부르심과 비전의 차이점은 무엇인가?

4. 히브리인과 헬라인의 진리 인식방식을 살펴보자. 두 방식이 각각 관계 지향성과 목표 지향성을 갖는데, 그 특징은 무엇인가? 또 두 가지 진리 인식방식을 이해함이 소명과 비전의 차이를 파악하는 데 어떤 도움을 줄 수 있는가?

5. 요셉의 꿈을 어떻게 이해해야 하는지 요셉의 일생을 살펴보며 함께 나누어 보자.

소명 찾기_삶의 모자이크 만들기

1 ｜ 소명 찾기 —지금 여기에

우리에게 필요한 것이 무엇보다 소명이라면, 이 부르심을 어떻게 찾을 수 있을까? 소명이 하나님의 부르심이라고 해서, 육성(肉聲)과 같은 계시만을 통해 오는 것은 아니다. 이 부르심은 다양한 통로를 통해 여러 가지 방식으로 우리에게 다가온다. 이제 본격적으로 우리의 소명을 찾아 나서도록 하자.

소명의 출발점

소명의 출발점은 어디일까? 소명의 출발점은 멀리 있지 않다. 소명의 출발점은 바로 '지금 여기'(here and now)에 있다. 현재는 과거를 토대로 세워졌고 미래를 위한 재료가 된다. 어떻게 만들어 갈지에 따라 현재는 미래를 위한 든든한 기초가 될 수도 있고, 그렇지 않을 수도 있다. 그러나 현재는 우리의 바람처럼 그리 안락하고 만족스럽지 않다. 우리를 끊임없이 불안하게 만들고 좌절하게 하며 견디기 힘들게 한다. 이럴 때 우리는 현실을 외면하고 먼 미래로 도망가거나 과거의 추억 속에 머무르며 밖으로 나오려 하지 않는다. 이처럼 현재를 기초로 하지 않는 도피는 우리의 소명 찾기를 방해한다.

과기에 붙잡히는 경우

언젠가 한국과학기술연구원에서 학생들을 가르치는 분과 이야기를 나눈 적이 있다. 그는 자신에게 지도를 받으려고 여러 대학에서 대학원생들이 온다고 했다. 나는 대학 간 학생들의 실력 차이가 얼마나 나는지 그에게 물어보았다. 그러자 그분은 의외의 대답을 했다.

"학생들의 실력 차이는 조금밖에 나지 않지만 더 큰 차이가 나는 부분이 있는데, 바로 자신감의 차이입니다. 그다지 알려지지 않은 학교에서 공부한 학생들의 경우, 비록 실력은 괜찮다 하더라도 자신감 면에서 다른 학생들에 비해 크게 뒤집니다. 그들은 과거에 자신이 잘하지 못했다는 생각에 붙잡혀 지금 얼마든지 만회할 수 있는데도 자신감이 부족하지요. 그리고 그런 자신감 부족은, 연구 성과로 바로 나타납니다. 반면 명문 대학을 나온 학생들의 경우, 실력이 그렇게 월등하지 않더라도 자신감이 넘칩니다. 그래서 이들은 적극적으로 문제의식을 갖고 연구에 접근해 좋은 성과를 내곤 합니다."

후자의 학생들이 지닌 현재의 자신감은 어디에서 온 것인가? 과거 대학생활의 경험에서 왔을 것이다. 이처럼 과거는 단순히 과거로 끝나는 것이 아니라 현재에 계속적으로 영향을 미친다.

과거 실패의 경험, 인간관계에서의 상처와 아픔, 선천적인 조건 등은 우리의 현재를 붙잡고 앞으로 나아가지 못하게 한다. 과거는 열등감과 자기 비하로, 때로는 미움과 증오로 우리 자신을 붙잡는다. 비록 문제를 충분히 해결할 역량이 있다 할지라도, 이러한 것들로 인해 자신을 스스로 과거에 묶어 두고 현재로 나오지 못하는 경우가 많다.

모세를 보라. 하나님이 이스라엘 백성을 구원하라고 보내실 때, 살인 자였던 자신의 어두운 과거에 붙잡혀 하나님의 부르심을 자꾸만 거부하지 않았는가? 이처럼 부정적인 과거가 우리를 붙잡을 때 어떻게 해야 할까? 우리는 무엇보다 하나님의 은혜를 구해야 한다. 그분의 은혜로 자신의 과거가 새롭게 조명되고, 현재를 위해 자신이 아름답게 사용되기를 주님께 의탁해야 한다. 하나님께 우리의 과거를 드리면 그분은 이 과거를 받아 현재를 위한 아름다운 발판으로 삼으신다.

1979년 9월 15일, 생후 20개월이던 조엘 소넨버그는 뜻하지 않은 교통사고로 온몸에 화상을 입었다. 부친이 그를 화염 속에서 꺼냈을 때 그의 몸은 숯덩이처럼 온통 까맣게 타 있었다. 의사들은 그의 생존 가능성을 10퍼센트라고 말했다. 그 후 그는 50여 차례의 수술을 받았고 오랜 세월을 고통 속에서 지냈다. 그러나 그는 과거에 얽매어 있지 않았다. 교통사고 18년 후, 그는 법정에 출두해 가해 운전자를 용서하고 원망과 절망으로 과거에 얽매여 있지 않기를 결단한다. 그는 법정에서 다음과 같이 고백했다.

"저는 증오심으로 인생을 허비하지 않을 것입니다. 원망과 절망이 또 다른 고통을 낳을 것이기 때문입니다. 대신 사랑으로, 하나님의 은혜 안에 있는 무한한 사랑으로 둘러싸일 것입니다."[1]

조엘은 자신의 고통과 장애를 하나님의 특별한 선물로 받아들인다. 조엘은 하나님이 자신을 통해 세상에 진할 메시지가 있다고 확신하고 하나님께 감사드렸다. 현재 그는 미국 전역뿐 아니라 세계의 많은 사람들에게 아름다운 영향력을 미치고 있다.

미래에 붙잡히는 경우

아직 다가오지도 않은 미래가 현재를 간과하고 현재에 감춰진 가능성을 보지 못하게 붙잡는 경우도 있다. 이런 경우 미래에 대한 두려움과 염려는 현재를 충실히 살아가지 못하게 만든다. 때때로 우리는 두려움 때문에 현재 자신 앞에 열려 있는 부르심의 길을 제대로 분별해 내지 못한다. 그래서 우리는 두려움 앞에서 그 대상을 정리하는 것이 중요하다. 무엇보다 가장 두려워해야 할 대상은 '여호와 하나님'임을 인식해야 한다. 하나님을 다른 어떤 것보다 두려워할 때, 나머지 두려움은 작아진다. 그리고 우리 앞에 직면한 현재의 다양한 가능성에 눈뜨게 된다.

염려는 종종 비현실적인 것에 근거해 일어난다. 아직 일어나지도 않은 미래를 끌어다가 걱정하는 것이다. '이러다 결혼을 못하면 어쩌지? 시험

---

1) 조엘 소넨버그 저, 배웅준 역, 《세상에서 가장 아름다운 사람, 조엘》(서울: 규장, 2004), 315쪽.

염려는 부정적 상상력이다.

에 떨어지면 어떡하나? 내일 상사에게 혼나면 어쩌나?’ 아직 일어나지도 않은 것을 단지 희박한 가능성에 근거해 쓸데없이 걱정하는 것이다. 이렇듯 염려는 부정적 상상력이다. 우리는 일어나지도 않은 가상의 상황을 부정적으로 그리며 걱정한다. 그리고 부정적 상상력으로 인해 현재에 집중하지 못한다. 이런 우리의 연약함을 보고 예수님은 다음과 같이 말씀하셨다.

> 그러므로 내일 일을 위하여 염려하지 말라 내일 일은 내일 염려할 것이요 한 날 괴로움은 그날에 족하니라(마 6:34).

미래에 대한 두려움과 염려 때문에 현실을 충실히 살아가지 못할 뿐 아니라 낙관적인 미래로 도피하는 경우가 있다. 또한 미래에 대해 너무 이상적인 그림을 그려 놓고 거기에 들떠 있느라 현재를 제대로 살아가지 못하는 경우도 있다. 내가 군생활을 하던 시절, 제대를 얼마 남겨 두지 않은 병사 한 명이 있었다. 그는 제대를 앞두고 부대장의 집에 식사 초대를 받았다. 맛있게 식사를 마친 뒤, 부대장은 그동안 군생활을 하느라 수고했다고 그에게 격려를 해 주었다. 그런 후 그가 부대로 돌아오는 길이었다. 왕복 4차선 고속국도가 부대 앞에 있었다. 이 병사는 기분이 너무 좋고 들떠 군생활 내내 지나다녀 익숙했던 길을 신호도 무시하고 그냥 건넜다. 그날따라 좌우를 제대로 살피지도 않은 채 펄쩍 뛰며 ‘만세’를 부르면서 길을 건넜던 것이다. 바로 그 순간이었다. 과속으로 모퉁이를 돌던 차가 미처 그의 뒷다리를 보지 못하고 쳤다. 그리고 이 병사는 다리와 함께 온몸이 차에 휘말려 그 자리에서 즉사하고 말았다. 현재의 부주의가 낙관적으로 보인 미래를 한순간에 앗아가 버리고 만 것이었다. 미래에만 온 마음이 가 있을 때, 우리는 현재를 게을리하기 쉽다. 그리고 현재를 나태하게 보내다 자신이 기대한 미래를 맞이하지 못할 수도 있다.

미래에 대한 아름답고 달콤한 꿈을 꿀 때, 우리의 시선은 현재에 집중해 있어야 한다. 이것은 미래에 대한 두려움이 앞설 때도 마찬가지다. 아직 제대로 닥치지도 않은 막연한 두려움으로 인해 위축되어 현재를 충실하게 보내지 못할 수도 있기 때문이다. 불안한 미래에 대한 스트레스로 현재의 삶에 제대로 집중하지 못한다면, 현재와 미래 모두를 잃어버리는 결과를 초래할 수도 있다.

현재에서 소명을 붙잡은 사람들

우리는 현재 당면한 상황 속에서 하나님이 하시는 일에 주의를 기울임으로써 소명을 발견해 나갈 수 있다.[2] 우리가 후회스러운 과거를 갖고 있다 해서 그것을 바꾸지는 못한다. 내일 일을 염려한다고 해서 미래의 일을 자신의 마음대로 통제할 수도 없다. 우리는 단지 지금을 살아갈 수

---

2) 제럴드 L. 싯처 저, 윤종석 역, 《하나님의 뜻》(서울: 성서유니온선교회, 2001), 114쪽.

있을 뿐이다. 소명의 길은 삶의 현장에서 치열한 현재를 살아가면서 발견할 수 있다. 여기 치열한 삶의 현장에서 소명을 발견한 사람들이 있다.

김진홍 목사　　　　　　　　신학교 때, 김진홍 목사는 자신의 정체성과 진로를 놓고 고민했다. 그러던 중 여름 방학 때, 그는 빈민 선교훈련을 받으며 빈민사역에 참여했다. 물론 그가 처음부터 빈민사역을 의도한 것은 아니었다. 뜻하지 않게 어려움에 처한 '학형'이란 아이를 도와주면서 이 사역을 시작하게 된 것이다.[3]

그러던 어느 날 그는 뜻밖의 사건을 경험한다. 빈민촌에 심하게 아픈 아주머니가 있었다. 그는 아주머니를 업고 주변에 있는 병원을 돌아다녔으나 가난해서 수술 보증금이 없던 그 아주머니는 결국 병원 네 곳에서 퇴짜를 맞았고 힘들게 걷던 김 목사의 등 위에서 그만 숨져 버렸다. 순간 김 목사의 마음에서 울분이 솟아올랐다. 그는 서울을 불지르고 싶은 심정이었다. 그는 하나님을 향해 원망의 비난을 퍼부었다. 그런데 그때 한 음성이 들렸다.

"진홍아, 네 등의 죽은 여자가 십자가에서 죽은 나다. 포기하지 마라."[4]

이때부터 그는 빈민사역에 대한 새로운 부르심을 확인하고 더욱 깊이 헌신하게 되었다.

---

3) 김진홍 저, 《새벽을 깨우리로다》(서울: 홍성사, 2006), 81-100쪽.
4) "젊어선 빨갱이, 지금 꼴통 소릴 들어", 〈조선일보〉 2006. 7. 13.

마더 테레사(Mother Teresa)　　　　　테레사 수녀 역시 처음부터 빈민 치료에 헌신한 것은 아니었다. 그녀는 아일랜드 로레토 수도회 수녀로 성 마리아 학교에서 지리와 역사, 교리 등을 가르치고 있었다. 그녀가 36세 되던 1946년 8월, 인도 캘커타에서 힌두교도와 이슬람교도 간에 유혈 충돌이 일어나 길거리에서 수많은 사람이 죽고 난민이 넘쳐나게 되었다. 이런 참상을 둘러본 테레사 수녀는 그 가운데 부르심을 감지했다.

그해 9월 10일, 테레사 수녀가 묵상하는 시간을 갖기 위해 기차를 타고 수도원으로 가고 있을 때였다. 그녀는 기차 안에서 가난한 사람들 가운데서도 가장 가난한 사람들을 위해 봉사하라는 하나님의 부르심을 듣고 응답하였다. 이때의 부르심을 그녀는 다음과 같이 회상한다.

"부르심이 뜻하는 것은 아주 단순했습니다. 제가 로레토 수도원을 떠나야 한다는 것이었습니다. 모든 것을 버리고 하나님을 따라 가난한 사람들 속으로 들어가야 한다고 했습니다. 가난한 사람들 가운데서도 가장 가난한 사람들 속에 들어가 하나님을 섬겨야 한다고 했습니다. 저는 그것이 하나님의 뜻임을, 그리고 그 뜻에 따라야 함을 알았습니다. 그것은 명령이었습니다. 저는 무엇을 해야 하는지 알았습니다. 그러나 어떻게 해야 하는지는 몰랐습니다."[5]

이렇듯 테레사 수녀는 자신이 경험한 사역 현장의 고통과 신음 소리에서 부르심을 발견했다.

---

5) 신흥범 저, 《마더 테레사》(서울: 두레, 1997), 46쪽.

윌리엄 윌버포스(William Wilberforce)   18세기 영국에서 노예제도를 폐지하는 데 앞장섰던 윌리엄 윌버포스의 이야기는 유명하다. 1785년, 그가 25세 되던 해였다. 그는 당시에 영국 의회에서 일하고 있었고 신학 공부를 할 것인지를 두고 진지하게 고민하고 있었다.

그러다 그는 존 뉴턴(John Newton) 목사를 찾아갔다. 존 뉴턴 목사는 한때 노예무역 상인이었다가 회심해 찬송가 405장 〈나 같은 죄인 살리신〉을 작사한 사람이다. 윌버포스는 뉴턴 목사에게 신학교 입학에 대해 어떻게 해야 할지 상담했다. 그러자 뉴턴은 "하나님은 신학교에 가는 것 이상으로 더 중요한 부르심이 있어 당신을 영국 의회에 보내셨을 것입니다"라고 하면서, 윌버포스가 신학교에 가는 것을 만류했다. 그 후 윌버포스는 하나님의 더 중요한 부르심을 묵상하다가 의회 정치로 뛰어들었다. 그리고 그는 노예제도 폐지를 하나님 나라를 위해 자신이 해야 할 우선적인 과제로 삼았다. 그는 이 일에 평생 헌신하다 마침내 세상을 떠나기 전에 노예제도가 영국 땅에서 폐지되는 것을 보고 눈을 감았다. 윌버포스가 걸어간 소명의 길은, 그 자신이 현재 처한 삶의 현장이었음을 잘 보여 준다.

조지 카버(George W. Carver)   카버 박사는 인종 차별이 한창이던 1860년대에 아이오와의 가난한 흑인 농부 가정에서 태어났다. 흑인은 학교에 가기도 어려운 시절, 그는 공부할 수 있는 학교를 찾아 여기저기 옮겨 가며 힘들게 공부했다. 그리고 마침내 그는 아이오와 주립 농과

대학에서 농학을 전공할 수 있었다.

당시 미국 중·남부에서는 목화 재배가 한창이었다. 그런데 땅이 황폐해 목화 재배가 제대로 되지 않았다. 이때 카버 박사는 땅콩을 심으면 토질이 바뀌고, 다음 해에 목화 재배가 더 잘 된다는 것을 발견하고 농가마다 땅콩 재배를 권고한다. 그러자 미국 전역에서 땅콩을 심어 그 수확량이 넘쳐 남아도는 땅콩이 문제가 되었다. 당시 사람들은 어떻게 땅콩을 처분해야 할지 몰랐다. 어떤 사람들은 땅콩을 아예 수확하지도 않고 밭에서 썩게 버려 두었다. 또 땅콩 농사를 권고한 카버 박사를 원망하는 사람들도 생겨났다. 그는 이 문제로 괴로워하다가 10월의 어느 날 새벽에 숲 속으로 산책을 나갔다.

그는 떠오르는 해를 보며 "오, 창조주시여! 당신은 무엇을 하려고 이 우주를 창조하셨나이까?"라고 물었다. 그러자 하나님은 그에게 "너는 네 작은 소견을 가지고 너무 큰 것을 알려 하지 말고, 네게 알맞은 것을 물어보아라"라고 대답하셨다. 그는 다시 용기를 내어 하나님께 물었다.

"사람을 무엇에 쓰려고 세상에 두셨는지 말씀해 주십시오."

그러자 하나님은 "너는 아직도 네가 감당치 못할 큰 것을 묻고 있구나. ……네가 마음속으로 진정 원하고 있는 것을 말해 보거라" 하고 말씀하셨다. 그래서 그는 마지막으로 용기를 내어 "하나님이시여! 당신은 무엇을 하려고 땅콩을 만드셨습니까?"라고 물었다. 그러자 하나님은 이렇게 말씀하셨다.

"옳지 됐다. 너는 땅콩을 한 줌 들고 실험실로 들어가 연구를 계속하여라."[6]

이후 카버 박사는 실험실에서 침식(寢食)을 잊다시피 하며 땅콩 연구에 몰두했고 땅콩을 이용해 마가린, 비누, 기름, 화장품, 사탕, 땅콩 버터, 인조 밀가루, 잉크, 물감, 구두약, 연고, 그림, 전기 절연판, 땔감, 접착제, 인조 대리석 등 수백 가지의 땅콩 관련 상품들을 발명해 내었다. 카버 박사는 자신의 소명을 우주 창조와 같은 거대하고 추상적인 문제에서 발견하지 않았다. 그의 소명은 자신이 연구 현장에서 고심하던 지극히 작은 땅콩에서부터 출발했다.

지금 여기를 어떻게 살 것인가?

소명을 찾아 행한 사람들의 이야기는, 현재가 얼마나 중요한지 알려 준다. 다음의 에베소서 5장 15-17절 말씀이 소명의 길을 발견하는 데 많은 도움을 준다.

> 그런즉 너희가 어떻게 행할 것을 자세히 주의하여 지혜 없는 자 같이 말고 오직 지혜 있는 자같이 하여 세월을 아끼라 때가 악하니라 그러므로 어리석은 자가 되지 말고 오직 주의 뜻이 무엇인

---

6) L. 엘리엇 저, 곽안전 역, 《땅콩 박사》(서울: 대한기독교서회, 1993), 156쪽.

가 이해하라.

언뜻 보기에 '세월을 아끼라'는 동사 같다. 그러나 영어 성경을 보면 '세월을 아끼라'(making the most of the time)는 동사가 아니라 분사형으로 '자세히 주의하여'(Be careful)를 수식한다. 직역하면 '세월을 아끼며……자세히 주의하라!'(Be careful……making the most of the time)가 될 것이다. 본문 성경에서 강조는 '세월을 아끼라'보다 '자세히 주의하라'에 있다. 이는 시간을 낭비하지 말고 아끼면서 지금 삶의 현장에서 일어나는 일에 자세히 주의를 기울이라는 의미를 갖는다. '자세히 주의하라'는 헬라어 동사 '페리파테오'(περιπατέω)로, 이는 '주변을 자세히 살피며 걷는 것'을 뜻한다. 오늘날 우리가 사는 시대는, 때가 악하기 때문에 우리에게 악한 영향을 미치기 쉽다. 악한 시대 사조에 영향을 받다 보면, 현재의 삶을 충실하게 살지 못할 수도 있다. 이 성경 말씀은 시대의 악한 사조와 정신, 경향, 유행의 영향력에 휩쓸리지 말고, 주변을 잘 살피면서 제대로 분별해 주어진 기회를 올바르게 최대한 활용해(making the most of the every opportunity–NIV) 걸어가라는 뜻이다.

이를 정리하면 다음과 같다.

- 지금 이 시대의 사조에 너무 흔들리지 마라.
- 현재의 시간을 최대한 효율적으로 잘 사용하라(낭비하지 마라).

• 지금 나를 부르시는 소명의 길이 어떻게 열리는지 주의 깊게 살펴라.

〈사랑의 블랙홀〉이라는 영화가 있다. 텔레비전 일기예보 담당지 필 코너스가 펜실베이니아의 작은 마을 펑크서토니에서 열리는 그라운드호그 데이(우리나라의 '경칩'에 해당) 축제[7] 때, 일기예보를 생중계하기 위해 파견되면서 일어나는 사건을 다룬 영화다.

필은 일기예보를 마치고 서둘러 돌아가려 한다. 그러나 그는 폭설로 꼼짝없이 펑크서토니에서 그날 밤을 머무르게 된다. 그 다음 날 아침 그가 서둘러 돌아가려고 일어나 보니, 그날은 다시 2월 2일로 돌아가 그라운드호그 데이 축제가 시작되려 하고 있었다. 전날과 똑같은 사람들이 보였고, 똑같은 일들이 벌어지고 있었다. 필은 2월 2일의 시간 안에 갇히고 만 것이다.

처음에 그는 자신이 하고 싶은 대로 술과 성에 대한 욕구를 탐닉한다. 그러나 다음 날 일어나도 또 다음 날 일어나도 여전히 2월 2일이자 그는 시간의 굴레에서 영원히 벗어날 수 없음을 알고 절망하며 괴로워한다. 결국 그는 반복적이고 동일한 하루를 못 견디고 자살을 시도한다. 전기에 감전돼 죽기도 하고, 나무에 떨어져 죽기도 한다. 그는 수없이 자살을

---

7) 그라운드 호그는 다람쥐과 동물이다. 미국에서는 매해 2월 2일에 그라운드 호그가 봄이 오는 시기를 알려 준다고 생각해 이를 축하하는 행사를 갖고 있다. 이 축제에서 사람들은 그라운드 호그가 겨울잠에서 깨어나 집 밖으로 나올 때 자기 그림자를 보면 봄이 늦게 오고, 자기 그림자를 보지 않으면 봄이 일찍 온다고 생각한다.

시도하지만, 눈을 떠 보면 여전히 2월 2일 아침이다.

괴로움에 시달리다 필은 마음을 고쳐먹는다. 동일한 날을 의미 있고 보람 있게 보내기로 결심한 것이다. 먼저 그는 자신의 재능을 계발한다. 피아노와 얼음 조각을 배우고, 외국어를 익히며 의미 있는 시간을 보낸다. 그러던 중 그는 주변으로 시선을 돌린다. 그는 자신이 간과했던 하루라는 시간 중에 안타까운 사고들이 일어나고, 자신의 도움을 필요로 하는 사람들이 있음을 발견한다. 한 아이가 나무에서 떨어지고, 한 남자가 음식을 토하며 죽어 가고, 한 커플이 파혼을 한다. 그는 날마다 같은 장소에 나타나 위기에 처한 사람을 구해 준다. 어린이가 나무에서 떨어질 시각이 되면 신속히 뛰어와 구하고, 남자가 음식을 토할 시각이 되면 재빨리 그에게 다가가 도움을 준다. 이런 활동으로 인해 그는 매일 작은 마을의 영웅이 된다. 그는 반복되는 하루를 의미와 보람으로 가득 채워 가는 것을 배우게 된 것이다. 그리고 시간의 굴레 안에서 점점 행복과 보람을 얻는다.

그러던 어느 날 아침, 필이 잠에서 깨어나 날짜를 확인해 보니 2월 3일이었다. 드디어 시간의 굴레에서 벗어난 것이다. 그런데 그는 시간의 굴레만 벗어난 것이 아니었다. 오만하고 매일을 대충 보내던 자신의 과거에서 벗어나 있었다. 그는 하루 사이에 그 마을의 영웅으로, 만인의 친구로 변해 있었다.

영화에서 필 코너스는 다음과 같이 말한다.

"누군가 나에게 '필, 자네 이 세상에서 어딘가에 갈 수 있다면, 어디에

가 보고 싶은가?'라고 물었지. 그래서 나는 그에게 대답했네. '아마 지금 여기일 거야.'"

우리의 소망과 기대가 오직 먼 미래를 향해 존재한다면 변화란 일어날 수 없다. 우리의 미래는 현재를 어떤 의미로 채우는지에 전적으로 달려 있다. 우리가 과거에서 벗어나기 위해, 미래로 달려가기 위해, 지금 할 수 있는 것은 단지 현재를 충실하고 의미있게 살아가는 것이다.

헬라어로 '시간'을 의미하는 단어는 두 가지다. 하나는 계속해서 흘러가는 시간 개념인 '크로노스'(χρόνος)요, 다른 하나는 하나님이 예정하신 때의 개념인 '카이로스'(καιρός)다. '크로노스'는 시간 순으로 역사를 기록한 연대기(chronicle)의 어원이기도 하다. 연대기는 시간 순서대로 역사를 서술하는 기록 형태를 말한다. 즉, 여기서 '크로노스'는 하루하루 지나감에 따라 흘러가는 시간을 뜻한다. 그러나 '카이로스'는 크로노스 속에 의미를 채워 나가고 이것이 협력해 이루어지고 나타나는 때를 의미한다. 제한된 인간의 시각(視覺)으로는 카이로스를 잘 알아챌 수 없다. 따라서 우리가 카이로스를 지각하기 위해서는 믿음과 인내가 필요하다. 그리고 크로노스의 매 순간을 의미와 믿음으로 채워 나가야 한다. 크로노스를 성실히 채워 나갈 때, 우리는 카이로스를 맞이할 수 있다.

2 | 현재를 개방하라

현재를 의미 있게 살아가기 위해 우리는 하나님이 간섭하시는 자신을 향한 다양한 가능성에 개방되어 있어야 한다. 우리는 종종 자신이 가능성 있게 생각하는 길이 아니면 그 길에 대해 자세히 알아보기도 전에 너무 쉽게 단념해 버린다. 그러나 기억하라. 우리가 별다른 고민 없이 포기했던 그 길에 하나님의 신비한 섭리가 감추어져 있을 수 있다는 것을! 우리 앞에 펼쳐지는 현재는 우리의 예상과 기대를 넘어 미래를 위한 문을 갑작스럽게 두드릴 때가 많다. 그래서 우리는 현재에 대해 보다 폭넓은 이해와 개방적인 태도가 필요하다.

삶의 **교차점**을 고려하라

교차점이란, 다양한 분야와 아이디어가 한곳에서 만나는 지점을 가리킨다. 다양한 아이디어가 한곳에서 만나면 새로운 방향의 창의적이고 독특한 아이디어를 만들어 낼 수도 있다. 이를 '교차적 아이디어'라 한다.

미술을 공부하는 한 학생이 앞으로 무엇을 해야 할지 고민하고 있었다. 계속 순수미술을 전공해 그 분야의 재능을 살린다는 것이 쉽지 않았기 때문이다. 더구나 그 학생은 공부를 하면서 자신이 미술에 다소 재능은 있지만, 대가(大家)가 될 만큼 탁월하지 않다는 사실을 알았다. 그러던 어느 날, 그 학생은 미술이 마음의 상태를 보여 준다는 것을 느꼈다. 그는 이를 더 깊이 이해하기 위해 심리학을 공부하기 시작했고, 심리학 공부를 하면서 미술이 심리 치료에 효과적인 도구가 될 수 있음을 깨달았다. 이렇게 해서 그는 '미술 심리'라는 새로운 분야에 발을 들여놓았다. 이처럼 한 가지 분야가 아닌 다양한 분야가 서로 만나 지금까지 경험하지 못했던 새로운 영역이 발생하기도 한다.

프란스 요한슨은 《메디치 효과》[8]에서 교차점을 개념화해 주창하고 있다. 그는 교차적 아이디어의 대표적 예를, 15세기 이탈리아의 메디치 가문에서 발견한다. 메디치 가문은 광범위한 분야의 문화 예술가들을 후원한 피렌체의 금융 가문이다. 메디치 가문의 후원으로 당대 유명한 조각가, 과학자, 시인, 철학자, 금융가, 화가, 건축가 등이 피렌체로 몰려들었다. 피렌체에서 만난 이들은 전문 분야를 서로 교류하며 점차 자신의 벽을 허물고 협력해 새로운 사상에 바탕을 둔 르네상스 시대를 열었다. 그 결과 피렌체는 역사상 가장 혁신적인 시대의 현장, 즉 폭발적인 창조의 중심지가 되었다.[9] 요한슨은 자신의 저서에서 여러 아이디어가 교차점에 이르면 폭발적인 아이디어와 혁신의 증가가 일어난다고 밝히고 있다.

---

8) 프란스 요한슨 저, 김종식 역, 《메디치 효과》(서울: 세종서적, 2005).
9) 위의 책, 19쪽.

우리는 현재의 상황과 조건으로 미래가 결정된다고 생각하는 실수를 종종 범한다. 그러나 결코 그렇지 않다. 꿈꾸는 미래와 별 상관없어 보이는 현재가 언젠가는 미래를 위한 충실한 기초가 된다. 교대에서 공부하는 청년들은 자신이 반드시 교사가 돼야 한다고 생각하기 쉽다. 그러나 교사가 되었다가도 다양한 관심사를 키워 새롭게 자신의 영역을 창의적으로 발전시킬 수도 있다. 그 대표적인 사람이 《다 빈치 코드》로 논란을 야기했던 소설가 댄 브라운이다. 그는 고등학교 영어 교사였지만 그것으로 만족하지 않았다. 그는 자신의 관심 분야를 끊임없이 확장해 다양한 분야를 섭렵했고, 이것을 소설적 상상력으로 표현해 많은 사람의 관심을 받았다. 《다 빈치 코드》는 그 내용 면에서 기독교에 대한 터무니없는 비약적 상상력과 빈약한 근거로 빈축을 샀지만, 한편으로 이 책은 미술, 고고학, 역사, 철학 등 다양한 분야가 결합되어 일어난 메디치 효과의 산물이다.

이는 우리에게 시사하는 바가 많다. 우리가 현재 하고 있는 일이 별 의미 없이 여겨질지라도, 이것이 언젠가 다른 영역에서 창조적으로 결합되어 새로운 것을 만들어 낼 가능성이 있다. 미래를 위한 재료로 현재가 착실하게 준비되고, 이왕이면 한 가지 영역이 아닌 다양한 영역에 대한 준비가 되어 있을 때 커다란 교차점을 만들어 낼 수 있다.

다변화되는 시대를 감지해 교차점을 준비하라

오늘날은 끊임없이 변화하는 시대다. 앞으로 10년 후쯤이면 사회, 정치, 경제, 과학, 문화 등 여러 분야의 변화가 개인의 삶에 지금보다 더 큰 변화를 일으킬 것이다. 또한 변화는 빠른 속도로 진행될 것이다. 이러한 변화의 소용돌이 한가운데서 교차점을 일으키기 위해 우리는 어떻게 해야 할까?

첫째, 다양한 관심사를 제한하지 말아야 한다. 하나님이 우리 각자에게 주신 관심사는 다양하다. 우리는 단지 가능성이 없고 현실성이 없다는 이유만으로 자신의 다양한 관심사를 제한하지 말아야 한다. 다양한 관심사를 키우고, 더 나아가 이 관심사들을 서로 연결해야 한다. 국내 패스트푸드점에서 개발한 김치버거는 참 특이한 상품이다. 이것은 미국 음식인 햄버거와 한국의 전통 음식인 김치가 만나 두 영역의 장벽을 허문 한 예다. 엄격히 말해 김치버거는 미국 문화와 한국 문화 둘 다를 이해했기에 나올 수 있었던 상품이다. 이처럼 두 문화의 장벽을 허물 때, 새로운 것이 나올 수 있다.

둘째, 다양한 배움의 기회를 가져야 한다. 기회가 주어질 때 배우라. 배움은 결코 헛되이 버려지지 않는다. 배움은 소명을 이해하고 행동하는 데 지혜와 통찰력을 준다. 여기서 말하는 배움은 학문적 배움뿐 아니라 다양한 여행과 경험을 포함한다. 젊을 때 다양한 문화를 경험하는 것은, 앞으로 자신이 가야 할 소명의 길을 보다 넓게 이해하고 창의적으로 응답할 수 있도록 도와준다. 이는 한 사람의 시야를 넓혀 주기 때문이다.

셋째, 기존의 발상을 뒤집는 역발상을 시도해 보아야 한다. 이는 관점의 전환을 의미한다. 우리는 하나님의 소명을 제대로 이해하지 못할 때가 있다. 우리가 제대로 이해하지 못하고 하나님의 부르심에 저항하는 것은 하나님의 관점과 우리의 관점이 다르기 때문이다. 그러나 하나님의 관점을 이해하기 시작하면 우리는 불평하는 마음에서 감사하는 마음으로 내면의 상태가 변한다. 쥐들이 모여 고양이 목에 방울을 달자고 결의했다. 어떻게 고양이 목에 방울을 달 것인가? 기존의 관점대로라면 쥐는 자고 있는 고양이에게 목숨을 걸고 다가가서 방울을 달 생각만을 할 것이다. 그러나 고심해 보면 방법은 다양하다. 예를 들면, 옥상에서 기다리고 있다가 고양이가 지나갈 때 강력 접착제를 묻힌 방울을 고양이의 목 위로 떨어뜨려 붙일 수도 있다. 또 고양이가 먹는 밥그릇에 수면제를 발라 놓았다가 고양이가 식사한 후 완전히 곯아떨어지면 방울을 달아 놓을 수도 있다. 우리 내면에는 부정적 성향이 있어 종종 전진하는 것을 가로막곤 한다. 그런 우리 자신의 성향을 긍정적이고 창의적으로 전환하려는 노력이 필요하다.

넷째, 많은 아이디어를 적극적으로 창출해야 한다. 창의성과 교차점은 많은 아이디어를 쏟아 놓는 가운데 생겨난다. 아인슈타인은 상대성 원리로 잘 알려져 있지만, 사실 무엇보다 그가 대단한 이유는 논문을 240여 편이나 발표했다는 점이다. 상대성 원리를 발표하기 전이나 그 이후에도 그는 끊임없이 새로운 아이디어를 쏟아 냈다. 바흐 역시 창조적 아이디어로 수많은 곡을 작곡했다. 오늘날에도 바흐의 곡들은 많이 연주되고 있지만, 현재 연주되고 있는 곡들은 그의 곡 전체의 일부분에 지나지 않는다. 살아생전에 바흐는 지속적으로 흘러나오는 영감을 음악을 통해 창출했다. 이렇게 아이디어는 지속적으로 표현해야 한다. 표현하다 보면 아이디어가 고갈될 것 같지만 그렇지 않다. 오히려 이미 표현한 아이디어를 토대로 더욱 멋진 창조적 아이디어가 생겨나기도 한다.

다섯째, 편한 곳에만 머물려 하지 말고 불편한 환경에서도 기쁨으로 인내해야 한다. 사람은 누구나 편하고 안정적인 것을 찾는다. 그러나 모든 것이 안정적이고 편한 곳에서는 창조적인 아이디어가 나오지 않는다. 필요는 발명의 어머니라 했다. 필요가 있는 곳에서 아이디어가 나오게 마련이다. 모든 것이 만족스러워 더 이상 필요가 없는데 어떻게 아이디어가 나올 수 있겠는가? 불편하고 어려운 곳에서, 자신이 고민하고 있는 곳에서 창조적 아이디어는 쏟아져 나온다. 바로 그곳에서 우리는 하나님의 부르심을 발견할 수 있다.

현재를 고수하지 말고 **개방**하라

한 청년이 와서 고민을 상담했다. 고민인즉 그 청년은 자신이 공부할 이유를 모르겠다고 했다. 지금 전공하는 분야를 자신이 정말 좋아하는 것 같지도 않고, 그렇다고 특별히 공부하고 싶은 분야도 없다고 했다. 그래서 차라리 공부를 그만두었으면 좋겠다는 것이다. 그런데 공부를 하지 않는다 해서 하고자 하는 다른 일이 있는 것도 아니었다. 청년은 도무지 하나님의 뜻이 무엇인지 모르겠다고 했다. 이런 경우 어떻게 해야 하는 가? 일단은 공부를 열심히 해야 한다. 왜 그러한가? 자신의 적성을 제대 로 발견하지 못했다 하더라도, 그 청년이 적어도 지금 대학에서 공부하 는 과정이 자신의 적성이 무엇인지 탐색하는 기회가 될 수 있기 때문이 다. 다양한 과목이나 교수와의 만남, 여러 학우와의 교제, 동아리 활동 등은 그 자신이 정말 관심 있는 분야가 무엇인지 발견하는 기회가 될 수 있다. 더 나아가 자신의 소명이 어디에 있는지 발견하는 데 많은 도움을 줄 수 있다. 따라서 대학에서 주어지는 다양한 만남과 배움의 기회는 무 엇과도 바꿀 수 없는 소명 발견의 중요한 과정이 된다. 만일 관심이 없 다고 그곳에서 멈추면 자신의 한계 안에 갇혀 더 나은 발전을 기대하기 어려워진다. 한 개인의 식견으로 자신에게 주어진 삶을 한정하면 거기서 멈춰 버릴 수밖에 없는 것이다. 제한된 식견으로 판단하지 말고 전공 분 야에서 다양한 기회를 모색해 보라.

'패러다임'이라는 유명한 용어를 남긴 토머스 쿤은 《과학혁명의 구조》[10] 라는 기념비적인 책을 통해 과학철학 분야를 새롭게 열었다. 그는 어떻 게 새로운 분야를 개척할 수 있었을까? 이는 그의 독특한 공부 이력에서 찾을 수 있다. 그는 하버드대학교에서 물리학을 전공했지만, 이후 학부

---

10) 토머스 새뮤얼 쿤 저, 김명자 역, 《과학혁명의 구조》(서울: 까치글방, 2002).

생들에게 자연과학 개론을 강의하면서 과학의 역사적 측면에 깊은 관심을 갖게 되었다. 이 관심이 과학사상의 혁명적 변화에 대한 이해로 이어지면서 철학, 사회학, 언어학, 심리학 등을 두루 섭렵했고 결국 새로운 과학혁명의 이론적 체계를 세울 수 있었다. 그는 자신의 진공을 뛰어넘어 새로운 영역을 만나면서 독특한 분야를 만들어 낼 수 있었던 것이다.

학부 때 피아노를 전공하면 계속해서 피아노를 전공해야 하는가? 그렇지 않다. 이것은 고정관념이다. 사실 많은 학생들이 계속 전공을 살릴 수 있는 진로를 생각한다. 그러나 자신이 공부한 것을 바탕으로 다양한 진로를 결정할 수도 있고, 학부 시절의 많은 경험과 여러 사람과의 만남이 자신의 소명을 이해하고 발견하는 데 도움을 줄 수도 있다.

3 | 내 안의 음성 분별하기

일전에 미국에서 공부할 때, 미국의 한 선교 단체를 창설한 목사님의 손자인 A형제를 만나 교제를 나눈 적이 있다. A의 할아버지는 여러 책을 집필했는데 하나님의 뜻을 분별하고 음성을 듣는 부분에 유익한 통찰을 주는 책도 쓴 바 있다. A형제는 한때 자신의 진로를 두고 고민하며 하나님의 뜻을 구하고 있었다. 그러던 어느 날, 할아버지를 만나 이야기를 나누게 된 그는 자신의 진로를 놓고 할아버지에게 상담을 요청했다. 그러자 할아버지는 A에게 "애야, 넌 선교사로 헌신해야지? 하나님도 그걸 기뻐하실 거다"라고 말했다. 당시 A의 가족은 거의 대부분이 선교사, 성경 교사, 목사로 헌신하고 있었고 그때 A는 할아버지의 말씀을 하나님의 응답으로 생각해 남태평양의 한 섬에 선교사로 가 5년을 헌신하였다. 그러나 5년 후, 그는 하나님이 자신을 선교사로 부르지 않았음을 깨달았다. 그는 이 문제를 놓고 어떻게 할지 고민했고 그러던 차에 가족 모임에서 할아버지를 만나 자신의 고민을 털어놓게 되었다.

"할아버지, 아무래도 선교사는 하나님의 부르심이 아닌 것 같아요."

그러자 A의 할아버지는 "그래? 그러면 네가 좋을 대로 하려무나"라고 너무나 쉽게 대답하는 것이 아닌가. A는 놀라서 "전에 저 보고 선교사하라고 하실 때, 하나님께 응답받은 게 아니었나요?"라고 물었다.

그러자 할아버지는 전혀 의외의 대답을 했다.

"내가 그랬나? 별 기억이 없는데……. 난 네가 선교사로 헌신하면 좋겠디는 비람으로 걱려히려고 그런 기였는데, 혹 내가 그랬디면 미안하구나."

이렇게 할아버지는 손자에게 사과했다. 결국 그는 분명하지도 않은 부르심으로 5년의 시간을 다른 영역에서 보냈던 것이다. 그 손자는 후에 자신의 부르심을 새롭게 발견했고, 지금은 새로운 영역에서 보람을 갖고 열심히 일하고 있다.

소명의 길을 가기 위해서는 다양한 가능성을 모색해 자기를 향한 부르심을 정확하게 분별해야 한다. 이 부르심은 다른 사람이 가니까 자신도 가는 획일화된 부르심이 아니다. 이것은 '나'를 특별하게 보는 하나님이 '나'만을 향해 특별히 주시는 부르심이어야 한다. 하나님의 음성이라고 하면 흔히들 직접적으로 들리는 육성을 생각한다. 그러나 하나님은 직접적 음성 외에도 다양한 통로로 우리에게 그분의 뜻을 전달하신다. 적절한 분별의 지혜 없이 직접적인 음성에만 집착하다가는 어려움을 초래할 수 있다. 그렇다면 현재 우리를 부르시는 하나님의 음성을 어떻게 분별할 수 있을까? 여기에서 그 부르심의 신호들을 먼저 살펴보도록 하자.

현재 우리를 부르시는 하나님의 음성을 어떻게 분별할 수 있을까?

부르심의 **신호**들

열정과 기쁨

이것만 생각하면 자신 안에 열정과 기쁨이 생긴다. 그렇다면 그것은 소명을 알리는 중요한 신호일 수 있다. 소명이라고 할 때 우리는 자기가 즐거워하던 것을 모두 포기하고, 비록 하기 싫지만 억지로 따라야 하는 것으로 착각하기 쉽다. 그러나 소명은 그러한 것이 아니다. 하나님은 당신의 자녀가 억지로 부르심에 응하기보다 기쁨과 감격으로 응답하는 것을 기뻐하신다. 시편 95편에는 하나님의 백성으로 하여금 당신께 즐거이 응답할 것을 요청하는 부분이 있다.

> 오라 우리가 여호와께 노래하며 우리 구원의 반석을 향하여 즐거이 부르자 우리가 감사함으로 그 앞에 나아가며 시로 그를 향하여 즐거이 부르자(시 95:1-2).

하나님의 부르심에 응답할 때, 우리 자신의 내면에는 기쁨이 있어야 한다. 우리 자신의 내면에 그 일에 대한 열정이 생기고 기쁨과 보람으로 피가 흥분된다면, 거기에 부르심의 중요한 신호가 있다.

강점과 약점

하나님은 각 사람에게 다른 모양의 재능을 주신다. 어떤 사람은 음악에 재능이 있지만, 운동에는 재능이 없다. 어떤 사람은 언어에는 탁월한 감각이 있지만, 수리는 생각만 해도 가슴이 답답해진다. 자신의 약점과 강점을 알았을 때, 우리는 어디에 집중해야 할까? 이왕이면 강점에 집중해야 한다. 왜냐하면 우리가 동일한 시간과 노력을 투자했을 때, 강점이 훨씬 더 많이 계발되기 때문이다. 자신이 잘하는 분야를 계발하는 데는 상대적으로 에너지가 덜 든다. 그러나 자신의 약점을 개선하기 위해서는 훨씬 더 많은 에너지가 들고 그 효과도 적다.

우리의 강점은 하나님이 주시는 소명의 요건이 된다. 그러나 반드시 필수적인 것은 아니다. 하나님은 때로 우리의 약함을 들어 사용하겠다고 부르신다. 《발로 쓴 내 인생의 악보》[11]의 저자인 장애우 가수 레나 마리아를 보라. 그녀는 선천적인 장애를 딛고 가수로서 정상에 섰다. 이런 경우는 내면의 부르심이 육체적 연약함을 뛰어넘은 좋은 사례다.

다양한 경험

다양한 인생 경험은 하나님이 우리를 불러 세워 일하려 하시는 것을

---

11) 레나 마리아 저, 유석인 역, 《발로 쓴 내 인생의 악보》(서울: 토기장이, 2003).

보다 폭넓게 이해할 수 있도록 도와준다. 세계 여러 나라를 여행하며 그 나라의 종교적 상황을 본 사람이라면, 하나님이 이 세상 가운데서 어떤 일을 하고 계시는지에 대해 눈이 열린다. 다른 나라의 교회들이 하나님을 찬양하는 모습을 본다면, 하나님이 열방 가운데 행하시는 일이 어떠한지 아는 안목이 생긴다. 이렇게 본인이 경험한 폭만큼 이해의 폭도 넓어진다. 그리고 다양한 '경험의 현장' 가운데서 하나님의 음성을 들을 수도 있다. 여기서 경험이란 자신이 그동안 공부했던 궤적과 인생을 계획하며 의도적으로 또는 의도하지 않고 준비했던 것도 포함된다.

열린 문, 닫힌 문

하나님은 우리가 가려는 곳곳에 기회의 문을 마련해 두신다. 그리고 우리가 그 문을 두드릴 때, 어떤 것은 열리게 하시고 또 어떤 것은 닫히게 하신다. 바울은 세상 끝까지 복음을 전하려는 열망이 있었다. 그래서 그는 아시아 지역으로 가서 복음을 전하려고 애썼다.

그러나 성령님은 바울의 길을 열어 주시지 않았다. 성경은 이를 '예수의 영이 허락지 아니했다'고 말씀한다(행 16:7). 그날 밤 바울은 환상을 보았다. 환상 속에서 마게도냐 사람들은 바울에게 우리에게 와서 도와달라고 요청했다. 바울은 이것이 새롭게 열린 복음 전도의 문이라 생각하고 방향을 돌렸고 거기서부터 전도의 문이 열리기 시작했다. 이처럼 하나님은 우리에게 열린 문과 닫힌 문을 적절히 사용하며 소명의 길을 확인시켜 주신다.

공동체

그리스도의 공동체가 개인의 소명을 확인해 주기도 한다. 공동체의 지지와 인정, 격려는 개인이 자신의 소명을 확인하는 데 중요한 부분을 제공한다. 그리고 개인이 자신의 재능을 발휘해 공동체를 섬기는 사역을 통해 스스로의 강점과 내면의 음성을 발견할 수 있도록 돕는다.

부담감

하나님이 우리 마음에 부담감을 주실 때가 있다. 이는 한 개인에게 주신 재능을 이웃과 나누라는 부담감이 될 수도 있고, 물질을 나누라는 부담이 될 수도 있다. 부담감은 우리의 행동을 자극한다. 그리고 여기서 나오는 행동은 하나님의 마음을 경험하고 이해하는 통로가 된다. 부담감은 종종 하나님이 그 사람에게 주는 부르심의 출발점이 된다.

주님의 음성, 환상, 꿈

소명은 때로 주님의 직접적인 음성으로 혹은 환상과 꿈으로 다가온다. 많은 청년이 소명을 기대할 때 직접적인 계시 특히 음성을 적잖이 기대한다. 그러나 직접적인 계시, 특히 생생한 육성과 같은 소리는 항상 일어나지 않는다. 일생에서 극적인 변화가 필요할 경우에 이따금씩 나타난다. 그리고 그와 같은 신비로운 소명을 받았다 하더라도 적절한 분별의 과정이 있어야 한다.

성경

하나님의 부르심을 기도하며 성경을 읽을 때, 어떤 말씀이 자신의 마음을 감동시킬 때가 있다. 그리고 여기서 하나님의 부르심을 경험하기도 한다. 초대교회 신학자인 어거스틴이 그 대표적인 예다. 마니교에 빠져 방황하고 있을 때, 그는 누군가가 자신의 마음속에 '이 책을 집어 읽어라'고 말하는 소리를 듣는다. 그 책이 바로 성경이었다. 그가 성경을 집어 들고 읽는데, 마침 로마서 13장 13절의 말씀이 눈에 들어왔다.

> 낮에와 같이 단정히 행하고 방탕과 술 취하지 말며 음란과 호색하지 말며 쟁투와 시기하지 말고

이 말씀 앞에 어거스틴은 고꾸라졌다. 그리고 그 후 그의 삶은 극적인 전환을 맞이했다.

설교

하나님은 설교를 통해서도 우리를 부르신다. 설교는 '선포된 하나님의 말씀'이다. 하나님은 삶의 현장에서 하나님의 뜻을 구하는 자녀들에게 설교를 통해 응답하신다. 예를 들어 '선교 한국'과 같은 대회에서 선포되는 메시지는 하나님이 청년들을 선교 현장으로 부르시는 효과적인 도구가 되기도 한다.

주변의 조언

영적으로 성숙하고 경건한 사람의 조언은 하나님의 뜻을 분별하는 데 커다란 역할을 한다. 보통 조언을 구하는 사람은 자신의 미래를 준비하고 계획하기 위해 조언자를 찾아간다. 그러므로 조언자는 그 사람의 고민을 충분히 경험하고 이해할 수 있는 영적으로 성숙한 사람이어야 한다. 또 성숙한 조언자는 소명으로 고민하는 이가 앞으로 고민할 부분을 이미 직·간접적으로 충분히 경험해서 알고 있는 사람이어야 한다. 이런 성숙한 조언자를 만나게 되는 사람은 복 있는 사람이다. 왜냐하면 조언자에게서 자신의 소명을 분별할 수 있는 통찰력 있는 조언을 듣게 되기 때문이다.

하나님의 **음성**을 어떻게 **분별**할까?

소명의 문제에서 자주 고민하는 것은, 과연 우리 내면에 들리는 소리가 하나님의 음성이 맞는지 하는 점이다. 내면에 부르심을 분별하기 위한 여러 가지 기술이 있다. 여기서는 일반적인 분별을 포함해 도움을 줄 수 있는 유용한 분별법에 대해 살펴볼 것이다.

내면의 교차점을 찾는 방법

자기계발 분야의 전문가로서 세계적으로 유명한 스티븐 코비는 자신의 책 《성공하는 사람의 8번째 습관》에서 내면의 음성을 발견하는 데 필요한 네 가지 요소를 말한다. 그것은 재능, 열정, 필요, 양심이다.[12] 재능이란 자신이 타고난 능력과 강점을 말한다. 열정은 자신이 그것을 행할 때 활력이 생기고, 신바람이 나고, 동기가 부여되고, 영감이 떠오르는 것을 의미한다. 필요란 자신뿐 아니라 타인과 세상이 필요로 하는 것을 포함한다. 양심이란 자신의 내면에 옳은 것이라는 확신을 주고, 그것을 계속해서 실행할 것을 재촉하는 마음속의 판단 기준이자 소리를 뜻한다. 코비에 따르면 한 사람의 내면의 음성은 이 네 가지가 교차되는 지점에 있다.

---

12) 《성공하는 사람의 8번째 습관》, 130쪽.

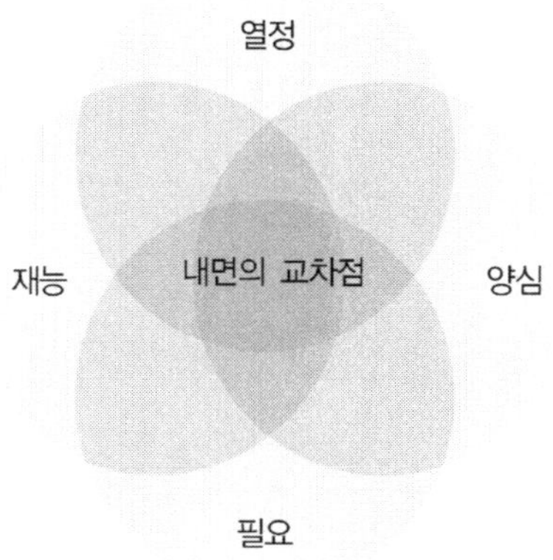

위의 분별 기준은 한 개인이 소명을 발견하는 데 많은 도움을 준다. 우리 자신에게 다음과 같이 물어보자.

- 내가 잘하는 것은 무엇인가?

- 내 가슴이 뛰고, 나를 완전히 몰두하게 만드는 것은 무엇인가?

- 나뿐 아니라 세상도 그것을 필요로 하는가?

- 그것이 옳은 일, 즉 성경의 원리에 부합된 일인가?

이 질문에 직면하는 것은, 하나님이 주시는 내면의 독특한 음성을 듣게 하고 자신과 주변에 의미 있는 공헌을 하도록 돕는다.

성경적 분별

성경적 분별은 일단 하나님의 인도하심을 전제하고, 성경의 원칙에 보다 충실하게 하나님의 뜻을 분별할 수 있도록 제시하는 방법이다.[13] 성경적 분별법을 알기 위해서는 세 가지 영역을 살펴보아야 한다.

첫째, 일치의 영역에 속하는 요소를 살펴보자. 이는 성경적 원리와 하나님이 자신에게 주시는 마음, 그리고 성숙한 조언자에게서 받는 상담의 요소가 서로 일치하는지 알아보는 것이다. 우선 우리는 하나님이 자신의 마음에 주신 음성이 성경적으로 일치하는지 알아야 한다. 우리는 이를 위해 성경이 말하는 의미를 정확히 파악해야 한다. 성경은 때로 오늘날의 구체적인 상황을 자세히 설명해 주지 않으므로, 우리는 성경이 의도하는 바나 원리, 근본 정신을 잘 파악하고 있어야 한다. 그리고 이를 토대로 자신의 상황에 맞는 적용을 시도해야 한다. 그러고 나서 이러한 적용이 자신의 현실에 적절하고 의미 있는지 확인하기 위해 성숙한 조언자의 상담을 받는 것이 좋다. 성숙한 조언자는 상담자가 고민하는 분야에 대해 경험이 있는 경건하고 지혜롭고 사려 깊은 신뢰할 만한 사람이어야 한다. 여기서 신뢰할 만한 사람이란, 내담자를 아끼고 사랑하며 그의 미래가 하나님 앞에 아름답게 인도되기를 바라는 이를 의미한다. 성숙한

---

13) 이 부분에 대한 전반적인 설명은 찰스 스탠리 저, 이미정 역, 《하나님의 음성을 듣는 법》(서울: 두란노, 2000), 47-61쪽을 참조하라. 위에 제시된 설명은, 이 책을 토대로 한 Young2080 대표 고직한 선교사의 체계적 정리를 바탕으로 한다.

조언자의 상담이 필요한 이유는, 상담자가 성경적 원리를 적용할 때 미숙한 순간이 있기 때문이다. 성경적 원리를 파악하는 데 부족할 수도 있고, 그 원리를 적용하는 데 경험과 지식의 부족으로 어려움을 겪을 수도 있다. 따라서 성숙한 상담은 하나님의 뜻을 분별하는 데 개인의 실수나 그릇된 판단, 오해를 교정해 주는 유용한 방법이다. 성숙한 상담에서 조언자의 말은 하나님의 음성을 분별하는 데 매우 소중한 요소다. 이렇듯 하나님의 뜻은, 성경적 원리와 성숙한 상담의 일치점을 살펴보면서 그 가운데 우리 자신의 마음 상태가 어떻게 움직이는지 고려해야 알 수 있다.

둘째, 충돌의 영역에 속하는 요소를 살펴보자. 소명의 길이 항상 형통을 보장하지는 않으며 그 대가를 치러야 할 부분이 분명히 있다. 여기서 고려할 점은 인간적인 욕심, 육체적 생각(이기적 동기), 조급한 마음, 적은 믿음의 영역이다.

먼저, 인간적인 욕심은 하나님의 영광과 하나님 나라의 유익보다 자신의 영광과 유익을 추구하려는 마음이다. 우리는 하나님을 위한다고 하면서도 은근히 자신이 인정받고 칭찬받으려는 마음을 품는다. 또한 육체적 생각은 소명의 길(하나님의 뜻)을 이루는 것보다 자신의 뜻과 이기적 동기의 성취에 더 중심을 두는 것을 말한다. 육체적 생각 앞에서 소명의 중심은 하나님에게서 자신에게로 옮겨 온다. 뿐만 아니라 조급한 마음 역시 소명 분별을 가로막는 요소로 작용한다. '하나님의 때'와 '자신의 때'는 분명 다른데도, 자신이 생각한 시간의 테두리 안에 하나님의 때를 가두려 한다. 그러다 보면 조급한 마음이 생길 수밖에 없다. 이는 우리 자신의 소명에 근본적인 회의를 갖게 해 믿음을 약하게 만든다. 마지막으로 적은 믿음이란, 상황과 개인의 욕심을 넘어 하나님을 신뢰하는 마음이 적은 것을 의미한다. 이상의 요소들은 소명의 길을 가려는 우리의 내면에 충돌을 일으킨다.

셋째, 충돌을 생각하며 고려해야 할 영역의 요소를 살펴보자. 먼저, 내면의 평강이다. 모든 외적 사건이 어려워도 우리 자신이 이해할 수 없는 평강이 든든히 자리 잡을 때가 있다. 평강은 하나님이 인도하시는 중요한 표지(標識) 중 하나다. 하나님의 인도하심 아래에 있을 때, 우리는 모든 상황을 뛰어넘는 그분의 평강을 경험한다(빌 4:7). 우리는 이러한 평강이 자신 안에 있는지 확인해야 한다. 그리고 이러한 소명의 길이 자신에게 성장과 유익을 가져다주는지도 살펴보아야 한다. 자신의 유익이 편안한 상황만을 의미하는 것은 아니다. 자칫 너무 편안한 상황은 영적 성장과 발전을 가로막을 수 있다. 따라서 자신의 성장과 유익은 좀더 객관적이고 냉철하게 판단할 필요가 있다. 다음으로 우리 자신이 처해 있는 환경을 고려해야 한다. 이 길을 가려고 할 때, 지금 우리 자신에게 열린 문이 무엇인지 살펴보아야 한다. 자신이 가려는 길에 모든 상황과 기회의 문이 순적(順適)하게 열리는지, 아니면 상황도 가로막고 내적 평강도 없는데 인위적으로 애쓰는지 고려해야 한다. 끝으로 이러한 길이 타인에게 미칠 결과를 살펴보아야 한다. 우리 자신의 유익을 뛰어넘어, 이 길을 택함으로 다른 사람들에게 어떤 유익을 가져다줄 수 있을지 생각해야 한다. 부르심은 분명 공동체를 포괄하는 성격이 있기에, 소명의 길은 많은 사람에게 유익을 주며 하나님 나라를 세우는 데 기여한다.

이상에서 말한 부분을 도표로 나타내면 다음과 같다.

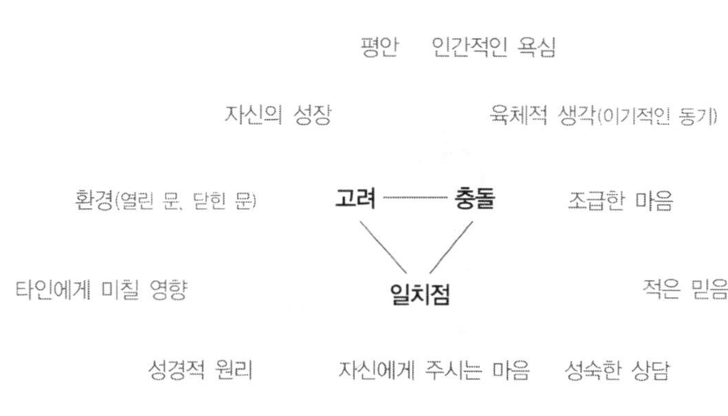

영성신학에서의 분별

영성신학에서 하나님의 뜻을 분별하는데 제시하는 가장 중요한 기준은 평안이다. 우리 자신 안에 하나님에게서 오는 음성이 있을 경우 참된 평안이 거하지만, 다른 곳에서 오는 소리인 경우 거짓 위안이 거한다. 따라서 우리 내면의 평안이 참된 평안인지 거짓된 평안인지 잘 분별해야 한다. 이제부터 평안을 구별하는 몇 가지 원리를 살펴보자.[14]

성령님은 참된 기쁨과 영적 즐거움을 가져다준다. 반면에 사탄은 표면

---

14) 성 이냐시오 저, 윤양석 역, 《영신 수련》(서울: 한국천주교중앙협의회, 1967) 109-115쪽에 나오는 선신과 악신의 분별 기준을 참고했다.

적 이유와 궤변, 끝없는 속임수를 통해 기쁨과 평안을 방해한다.

때로는 이유 없이 우리의 마음을 사로잡는 평안이 올 때가 있다. 이때의 평안은 하나님에게서 온다. 환경과 조건에 상관없이 우리의 이해를 초월하는 평인인 것이다. 이는 빌립보서 4장 7절에서 말씀하는 "모든 지각에 뛰어난 하나님의 평강"(the peace of God which transcends all understanding-NIV)을 의미한다. 영어 성경은 '초월한다'는 표현을 'transcends'라고 쓰고 있다. 이는 하나님의 평강이 우리의 이해에 상관없이 모든 이해를 넘어 주어지는 것임을 알려 준다. 아무런 이유 없이 영혼에게 장차 소유할 평안을 주는 것은 오직 하나님만이 하실 수 있는 일이다.

까닭 있는 위안은 성령도 사탄도 줄 수 있다. 그러나 그 목적은 서로 상반된다. 성령님은 영혼의 이익을 위해 영혼을 더 좋은 상태로 성장시키고 향상시키려 하신다. 반대로 사탄은 영혼을 자기에게로 끌어당기려 한다. 이때 사탄이 주는 평강은 일시적으로 우리의 외적인 욕구를 충족시키고 만족시킨다. 그러나 사탄이 주는 평강은 시간이 갈수록 우리 영혼의 참된 평안을 사라지게 한다.

우리는 생각을 진행할 때 극히 주의해야 한다. 시작, 중간, 끝이 다 좋다면 그것은 성령의 표적이다. 그러나 생각의 중간과 끝에 평안과 안식을 빼앗기고, 영혼을 약하고 요란스럽고 당황하게 한다면 그것은 사탄에게서 온 것이다.

내면의 평강을 확신하고 주님이 부르시는 길을 떠난 후, 우리는 자신의 마음속에 있는 평강의 흔적이 점차 사라지고 영혼이 고독해지는 때를 맞이하게 된다. 이때 내면에 있던 희망과 사랑이 사라지고, 여러 유혹과 흔들림이 우리를 불안하게 할 수 있다. 또한 하나님에게서 멀어지는 것처럼 느껴지며 우리의 결심이 심하게 흔들리는 위기를 겪을 수도 있다. 이 당시에 우리가 주의해야 할 것은, 영혼이 고독할 때에는 결코 어떤 변경도 해선 안 된다는 점이다. 오직 고독한 상태에 빠지기 전에 결정한 사항을 굳게 지켜야 한다. 왜냐하면 성령님이 위안 상태에서 우리를 지도하고 권고함같이, 사탄은 주로 우리가 고독할 때에 우리를 책동(策動)하기 쉽기 때문이다. 그러한 사탄의 권고에 따르게 되면, 우리는 결코 올바른 결정을 내릴 수 없다.

영혼의 고독을 경험하고 있을 때, 우리는 자기가 받고 있는 괴로움과 반대되는 인내를 지속하도록 노력해야 한다. 고독과 싸우다 보면 오래지 않아 평안이 찾아올 것이다.

영혼이 고독해지는 이유는, 대략 세 가지로 살펴볼 수 있다. 첫째, 영적 생활의 게으름 때문이다. 이것은 우리의 게으름으로 평안이 사라진 경우를 말한다. 둘째, 하나님의 시험 때문이다. 하나님이 우리의 영적 성장을 시험하실 때가 있다. 하나님은 우리가 그분의 음성을 따라갈 때 외롭고 고독할지라도 그 길을 믿음으로 끝까지 가는지 시험하곤 하신다. 이때 우리의 영적 성장 모습이 그대로 드러나게 된다. 셋째, 하나님의 은혜를 깨닫고 더 깊은 은혜를 경험하기 위해서다. 하나님은 이 기간을 통해 가끔 소명의 길을 걷는 것이 스스로의 힘으로 가는 것이 아님을 절실히 깨닫게 하신다. 우리는 소명의 길을 가는 것이 자신의 능력과 실력으로 된 것인 양 우쭐해질 때가 있다. 그러나 영적 고독의 기간은 우리에게 모든 것이 철저히 하나님의 은혜임을 깨닫게 한다.

재확인 과정이 필요하다

소명의 확인은 결코 즉흥적으로 이루어지지 않는다. 점진적인 과정을 통해 몇 번의 재확인 작업이 필요하다. 풀러 신학교에서 리더십을 가르치고 있는 로버트 클린턴 교수는 하나님이 위대하게 사용했던 전 세계 리더 400명의 일생을 추적해, 이들의 인생 가운데 하나님이 일하셨던 패턴을 찾아 하나의 리더십 이론으로 정립한 바 있다.[15] 그가 추적한 리더들의 일생에 대한 패턴을 보면 하나님은 리더에게 소명을 줄 때, 한 번만 주는 것이 아니라 여러 번에 걸쳐 부르신다. 그리고 리더들은 여러 번의 부르심에 대해 확인의 과정을 거친다. 이를 재확인(double confirmation)이라 한다. 하나님은 리더를 인도할 때, 직·간접적인 방법을 통해 몇 번에 걸쳐 확인해 주신다. 하나님은 사람, 환경, 그 밖의 다양한 수단을 통해 인도하신다.

---

15) Robert Clinton, *Leadership Development Theory: Comparative Studies Among High Level Christian Leaders*(Fuller Theological Seminary Ph.D Dissertation, 1988).이 논문의 내용을 일반 독자들도 읽기 쉽도록 풀어 놓은 책으로 이순정 역, 《영적 지도자 만들기》(서울: 베다니출판사, 1993)와 임종원 역, 《평생 사역을 꿈꾸는 리더》(서울: 진홍, 2006)가 있다.

사도행전 16장 10절을 보면, 사도 바울이 자신이 본 환상을 재확인하는 과정이 나온다. 앞서 사도 바울은, 성령님이 아시아에서 복음을 전하려는 자신을 막는 것을 경험했다. 그리고 그는 환상 중에 마게도냐 사람들이 자신들에게 와 복음을 전해 달라고 하는 요청을 받았다. 그것은 초자연적 계시였다. 그러나 사도 바울은 이 계시를 받은 후 곧바로 움직이지 않았다. 사도행전 16장 10절 말씀을 살펴보자.

> 바울이 이 환상을 본 후에 우리가 곧 마게도냐로 떠나기를 힘쓰니 이는 하나님이 저 사람들에게 복음을 전하라고 우리를 부르신 줄로 인정함이러라

여기서 '인정함이러라'(concluding-NIV)는 '함께 결론에 이르다'는 의미를 갖고 있다. 즉 다른 사람과 자신이 본 환상에 대해 여러 가지 대안을 논의하고 토론한 후에 결론을 내렸다는 것이다. 바울은 다양한 경로를 통해 재확인 과정을 거쳤다. 이같이 하나님의 음성에 대한 확신은 재확인 과정을 통해 더욱 흔들림 없이 굳건하게 선다.

하나님의 음성을 공식(公式)으로 제한하지 말라

앞서 살펴본 방법들은 하나님의 음성을 분별하는 데 유익을 준다. 그

러나 하나님의 뜻을 분별하는 것 자체가 하나의 공식으로 굳어지면 위험하다. 공식 너머에 있는 하나님의 보다 깊은 뜻을 놓칠 수 있기 때문이다.

분별의 과정을 통해 하나님은 우리와 더욱 친밀해지길 원하신다. 하나님은 우리가 어떤 결정을 통해 구체적으로 어느 길을 가는지보다, 그 길을 통해 하나님과 우리가 어떤 관계를 맺고 어떤 사람(존재)으로 설지에 더 관심을 두신다.

한 청년이 대학교에 입학해 재수를 할 것인지, 말 것인지로 고민하고 있었다. 그는 자신이 원하는 대학교에 들어가지 못했기 때문이다. 그래서 그는 밤낮으로 열심히 기도했다.

"주님, 재수를 할까요, 말까요?"

주님의 응답이 없었다. 그는 더욱 열심히 기도했다. 그러던 어느 날, 기도 중에 주님의 잔잔한 음성이 또렷하게 들렸다.

"얘야, 나는 네가 재수를 해도 좋고, 하지 않아도 좋다. 그것보다 나는 네가 나를 더욱 사랑하기를 원한다!"

이 음성 앞에 청년은 그만 충격을 받았다. 청년에게는 재수 문제가 그토록 중요했지만, 주님에게는 그가 고민을 통해 하나님을 더욱 사랑함이 중요했기 때문이다.

레이 프리차드는 자신의 책 《하나님, 아직도 나를 인도하시나요?》를 통해 다음과 같이 말한다.

우리는 하나님과의 관계를 공식으로 만들려 한다. 하지만 하나님은 "나를 알아라. 나와 시간을 보내고, 너의 삶 모든 분야에서 나를 최우선순위로 두어라. 그러면 내가 모든 세부 사항을 책임질 것이다"라고 말씀하신다. 이것이 삶을 바라보는 새로운 방법이다.[16]

여기서 우리는 하나님의 본질적인 부르심은 '존재적 부르심'이라는 사실을 다시 한 번 생각해야 한다. 존재적 부르심을 잊어버리면, 이차적 부르심은 어떤 의미도 갖지 못한다. 우리는 종종 인생에서 걸어야 할 길을 결정하는 데 온통 정신을 빼앗겨 하나님을 잊어버린다. 우리는 하나님의 '뜻'만 알기 원하지, '하나님 알기'는 그다지 원치 않는다. 우리는 "주님 어디로 가야 할까요?"라고 묻지만, 주님은 우리에게 "너는 어떤 존재로 가려느냐?"를 물으신다. 소명의 길은 하나님이 우리 각자에게 주신 과업을 성취하는 것에서 끝나는 것이 아니라, 그분을 더욱 사랑해 가는 일생의 과정(process)이다.

---

16) 레이 프리차드 저, 조윤진 역, 《하나님, 아직도 나를 인도하시나요?》(서울: 사랑플러스, 2007), 128쪽.

4 | 소명과 비전의 조화

조화의 모델, **상어**

소명과 비전, 이 둘은 비슷한 것 같지만 다르다. 신앙적으로는 소명이 비전보다 더 중요하다. 그러면 우리는 비전을 버려야 하는가? 그렇지 않다. 소명과 비전은 상호간에 적절한 조화가 필요하다. 우리는 이 모델을 상어에서 찾을 수 있다.

영화 〈조스〉를 통해 바다에서 공포의 대상으로 알려진 상어는, 물속 1킬로미터 밖에서도 먹잇감의 움직임을 감지할 수 있는 탁월한 능력이 있다.[17] 상어는 어떻게 먹이를 감지할까? 재미있는 사실은, 상어의 시력이 10미터 범위 안에 있는 물체밖에 식별할 수 없을 정도로 나쁘다는 점이다. 상어는 나쁜 시력을 갖고 어떻게 먹이를 잡을 수 있을까? 상어가 먼 거리에 있는 먹이의 움직임을 감지해 잡을 수 있는 능력은 청각에 있다. 상어는 먼 곳에 떨어져 있더라도 물고기가 헤엄치며 내는 불규칙한 소리를 들을 수 있는 청각이 잘 발달되어 있다. 따라서 먹이가 멀리서 소리

---

17) 최윤 저, 《상어》(서울: 지성사, 1999), 45-46쪽.

를 내면 상어는 그 소리를 듣고 먹이 가까이로 가 눈으로 확인하고 잡아먹는다. 만약 상어가 제대로 듣지 않고 무조건 눈에 보이는 대로 먹이를 잡아먹으려 한다면, 과연 제대로 먹이를 잡을 수 있을까? 그럴 수 없을 것이다. 먼저 음성을 들어야 상어는 먹이를 제대로 볼 수 있다. 이는 소명과 비전의 조화에 재미있는 시사점을 준다.

우리의 시각은 상어와 같다. 불과 몇 시간 앞의 일도 제대로 예측할 수 없다. 따라서 우리는 시각에 먼저 의존해서는 안 된다. 항상 소리가 우리의 시각에 우선해야 한다. 소리를 들으면 비전이 보인다! 그러나 소리 없이 비전을 붙잡으려 하면, 우리는 아무것도 잡을 수 없어 당황하게 된다. 혹 비전을 붙잡는다 하더라도 자기 야망을 붙잡는 경우가 될 수 있다. 물론 여기서 소리란, 하나님이 우리의 삶을 이끄시는 음성이다. 이 음성에 의지해 삶의 방향을 정해 나갈 때, 우리는 비로소 각자 앞에 구체적으로 펼쳐질 소명을 볼 수 있다. 비전에 앞서 우리 삶의 방향을 이끌어 가는 소명은 매우 근본적이고 중요하다. 비전은 우리의 시선과 생각으로 하나님의 측량할 수 없는 계획을 자칫 제한할 수 있지만, 소명은 삶의 방향을 보이는 것으로 제한하지 않고 시각을 뛰어넘어 우리를 인도하시는 하나님의 음성이기 때문이다. 그래서 하나님이 주시는 소명은 우리 삶의 근본적인 방향을 결정한다.

그렇다면 비전은 별 필요가 없는가? 그렇지 않다. 소명이 필요한 만큼 비전도 필요하다. 비전은 구체적으로 성취할 수 있는 그림이고 중·단기 목표를 세우는 데 효과적이다. 분명 목표가 있는 것과 없는 것 사이에는 성취도에 커다란 차이가 난다. 우리는 구체적인 목표를 통해 하나님이 원하시는 방향, 즉 소명을 향해 하나하나 가진 역량을 집중해 다가갈 필요가 있다.

소명을 강조하다 보면, 현재 자신이 기진 역량을 발휘해 구체적 그림을 그리는 작업을 소홀히 하기 쉽다. 반면 비전을 강조하다 보면, 우리 인생을 향한 궁극적인 하나님의 부르심을 잊고 눈에 보이는 것만 추구하기 쉽다. 소명은 듣는 것에 관계되고, 비전은 보는 것에 관계되어 그 둘이 상관없어 보일 수 있다. 그러나 소명과 비전은 서로를 보완해 하나님의 뜻을 이루는 통로가 된다.

다윗의 **시글락 사건**

소명과 비전의 조화를 보여 주는 사례로, 다윗이 시글락에서 아말렉과 전쟁을 벌인 사건을 들 수 있다(삼상 30:1-17). 다윗은 사울 왕을 피해 도망 다니다가 시글락에 정착했다. 그가 시글락을 잠시 떠나 블레셋 왕을 만나고 돌아와 보니 사방이 화염에 휩싸여 있었다. 알고 보니 아말렉 사람들이 다윗의 마을을 습격해 집들을 불태우고, 여자들을 잡아간 상태였다. 모두 놀라고 절망해 크게 소리 높여 울었다(삼상 30:5). 다윗을 따르던 백성은 흥분해 이렇게 된 것이 모두 다윗 때문이라며 그를 돌로 쳐 죽이려 했다. 이때 다윗은 자신의 노련한 전쟁 경험에 의지하지 않고 하나님의 뜻을 먼저 구했다. 그는 하나님께 물었다.

"제가 이 군대를 쫓아가면 따라잡을 수 있겠습니까?"

그러자 하나님이 말씀하셨다.

"쫓아가라, 네가 반드시 따라잡고 되찾을 것이다."

다윗은 이 음성을 확인하고 이에 근거하여 계획을 세우고 행동했다.[18] 그는 자기와 함께하겠다는 군사 600명을 데리고 가다가, 그중 피곤해 더 이상 갈 수 없는 병사 200명을 브솔 시냇가에 머무르게 하였다. 나머지 병사 400명을 데리고 그는 적진에 잠입했다. 다윗의 공격은 새벽에 시작되었다. 아말렉 군사들은 자신의 승리와 약탈을 축하하며 밤새 먹고 마신 뒤, 모두 잠에 곯아떨어져 있었다. 결국 다윗의 공격에 적군의 소년들만 겨우 피할 수 있었고 싸움은 다윗의 일방적인 승리로 끝난다. 다윗은 잃었던 여인들을 다시 찾고 전리품을 취해 돌아왔다.

이 시글락 사건은 음성과 비전, 그리고 전략의 조화를 보여 준다. 다윗이 아말렉 군대를 쫓아가 공격하겠다고 결정한 것은 하나님의 음성을 들었기 때문이다. 그러나 하나님의 뜻을 확인하고 군사적 경험에 기초한 세심한 작전을 짜고 공격을 감행한 사람은 다윗이었다. 여기에 소명에 대한 순종과 사람의 역량으로 행동하는 주도권이 결합되어 나타난다.[19] 다윗의 경우처럼 소명은 우리에게 구체적이고 세세한 그림이 결여된 채 주어지기도 한다. 그리고 세세한 그림은 대부분 우리의 주도적 역량에

---

18) 월터 브루거만 저, 차종순 역, 《사무엘상·하》(서울: 한국장로교출판사, 2000), 304쪽.
19) 위의 책, 304쪽.

맡겨질 때가 많다. 세세한 그림은, 우리가 상상력을 통해 볼 수 있는 비전 역량에 따라 그려진다. 비전 역량이란 그 안에 핵심 가치, 목표, 전략 등의 작업을 통해 구체화된 것을 포함한다.

핵심 가치는, 비진이 추구하는 방항괴 가치를 명시적으로 드러내며 소명을 전략적이고 요약적으로 분명히 보여 준다. 비전은 단순한 그림이 아니라 그 안에 소명의 방향을 구성하는 핵심적인 가치와 성취해야 할 목표를 담고 있다. 그리고 목표는 비전을 성취하기 위해, 중간 단계에 이루어야 할 구체적인 것을 의미한다. 전략은 목표를 완수하기 위해 필요한 행동 계획을 포함한다. 눈앞에 보이는 중·단기적인 목표들은 비전을 성취하는 데 매우 효과적이다. 목표 없이 막연히 나아가겠다고 생각하면, 우리는 우왕좌왕 헤매기 쉽다. 그래서 목표와 전략이 없는 비전은 허상에 지나지 않는다.

소명을 이루기 위해서는 중·장기적 그림이 필요하다. 그러나 무엇보다 모든 것이 소명을 이루기 위한 것임을 기억해야 한다. 소명을 잊은 채 그림에만 몰두하면, 그 그림은 방향을 잃고 잘못된 곳에 사용될 수 있기 때문이다. 미켈란젤로의 어린 시절에 대한 일화는 근본적인 방향의 중요성을 생각하게 한다.

미켈란젤로에게는 보톨도 지오바니라는 스승이 있었다. 열네 살인 미켈란젤로의 놀라운 재능을 본 보톨도는 이렇게 물었다.

"너는 위대한 조각가가 되고 싶으냐?"

"그렇습니다. 스승님."

"위대한 조각가가 되려면 어떻게 해야 한다고 생각하느냐?"

"제가 가진 재능과 기술을 더 닦아야 한다고 생각합니다."

"네 기술만으로는 안 된다. 먼저 네 기술을 무엇을 위해 사용할 것인지 분명히 결정해야 한다."

그리고 보톨도는 미켈란젤로를 데리고 술집으로 갔다. 거기에는 아름다운 조각품이 있었다.

"스승님, 술집에 아름다운 조각이 있네요."

"아름답지만 조각가는 이 조각을 술집을 위해 사용했다."

보톨도는 다시 미켈란젤로를 데리고 거대한 성당으로 갔다. 그리고 성당 입구에 세워진 아름다운 조각상을 보여 주었다.

"이 아름다운 천사의 조각상이 마음에 드느냐, 저 술집 입구에 있는 조각상이 마음에 드느냐? 똑같은 조각품이지만 하나는 하나님의 영광을 위해 쓰였고, 다른 하나는 술 마시는 사람들의 쾌락을 위해 쓰였다. 너는 네 기술과 재능을 어디에 쓰기를 원하느냐?"

스승의 물음에 위대한 미켈란젤로는 이렇게 대답했다.

"하나님을 위해, 하나님을 위해, 하나님을 위해 쓰겠습니다."[20]

이처럼 소명은 인생에서 근본적인 그림의 방향을 결정한다.

---

20) 손경구 저, 《사명》(서울: 두란노, 2002), 39쪽.

5 | 계속되는 소명의 길 —삶의 모자이크 채우기

소명은 **점진적**으로 드러난다–삶의 모자이크

인생은 하나님이 계획하신 거대한 모자이크와 같다. 모자이크는 한 조각 한 조각이 각각 독특한 색깔과 디자인으로 구성되어 있지만, 이것이 모여 전체가 아름다운 하나의 작품이 된다. 여기서 작품이란, 여러 개를 찍어 낼 수 있는 복제품이 아니라 단 하나밖에 없는 유일한 예술품을 말한다.

우리 인생은 작품이다. 지구상에 수없이 많은 사람이 있지만, 각자의 인생은 저마다 다르고 독특하다. 그리고 이 작품은 생의 순간과 사건이라는 조각이 모여 전체가 하나의 조화로운 작품을 이룬 모자이크 예술품이다. 하나님은 우리 생의 조각들을 맞추어 가며 각자에게 계획하고 계신 인생의 아름다운 작품을 완성해 간다. 하나님은 인생 전체의 그림을 보고 조각들을 우리에게 주신다. 그러나 우리는 하나님처럼 인생 전체를 다 볼 수 없다. 우리는 제한된 시각 능력을 가지고 그동안 맞추어 왔던 조각들만을 돌아볼 수 있을 뿐이다. 현재 우리에게 주어진 조각만으로는 인생 전체를 볼 수 없다. 우리는 성급하게 모든 조각이 빨리 맞추어져 그림이 나타나기를 바라지만, 하나님은 모자이크 조각을 결코 한꺼번에 다 주시지 않는다. 매 순간 '현재'라는 한 조각만을 주실 뿐이다. 우리가 한 조각을 맞추고 나면 다시 또 다른 한 조각이 우리에게 주어진다. 그리고 그것을 또 맞추면 다시 또 다른 조각이 주어진다. 소명이란 하나님이 우리에게 준 인생의 그림 조각을 하나씩 맞추어 가면서 그분이 우리에게 행하셨던 일들을 확인하고, 앞으로 어떤 방향으로 맞추어 갈지 인도함 받는 과정과도 같다.

아름다운 해변에 예쁜 정원을 가진 집 한 채를 그린 모자이크가 있다고 하자. 우리가 처음 받는 조각은 푸른 바다 색깔의 조각이다. 우리는 이 조각들을 하나하나 맞추면서 자신의 삶이 푸른 바다와 같을 것이라고 기대한다. 그리고 인생은 푸른 바다와 같다고 단정하려 한다. 그런데 어느 날 뜻밖의 일이 일어난다. 자신에게 주어진 조각이, 바다가 아닌 모래 색깔의 조각으로 바뀌었기 때문이다. 이 조각들을 하나하나 맞추어 가다 보니, 이것이 모래사장을 이루는 조각임을 새롭게 발견한다. 자신의 인생이 푸른 바다 그림으로 끝날 줄 알았는데, 바다가 끝이 아니었다. 또한 모래사장으로 드러나는 조각들을 열심히 맞추어 가면서 이 그림은 해변이 있는 바다라고 생각하지만, 그것도 끝은 아니다. 조금 더 맞추어 가다가 꽃 그림 조각을 발견하기 때문이다. '아니 해변에 웬 꽃 그림 조각인가?'라고 의아해할 수도 있다. 혹 '조각이 잘못된 것은 아닐까?', '그냥 버릴까?'라고 고민하다가 그래도 그 조각을 채워 넣는다. 곧이어 나타나는 조각들을 보니 계속해서 꽃이다. 알고 보니 정원 안의 꽃밭을 나타내는 그림이다. 꽃도 여러 종류다. 여기까지 그림을 맞추지만, 이것이 나중에 무슨 그림이 될지는 아직 모른다. 그러나 꽃밭과 정원이 완성되고 서서히 아름다운 집의 모양이 나타날 때, 비로소 우리 자신은 이 그림이 무엇인지 짐작할 수 있다. 그런데도 아직 이 집이 단층집일지, 이층집일지, 방 크기가 얼마만한 집인지는 모른다. 조각이 거의 다 맞추어지고 마지막으로 얼마 남지 않은 조각을 보면서 우리는 드디어 이 모자이크가 무엇을 의미하는지 알게 된다.

우리의 인생도 이와 같다. 하나님은 우리에게 현재라는 모자이크 조각들을 주신다. 이것들을 하나하나 맞추어 가면서 우리는 하나님의 인도를 점진적으로 깨닫고, 그동안 자신의 인생에 어떤 그림을 그리도록 준비하셨는지 조금씩 깨닫게 된다. 한동안 우리에게 주어진 조각들이 바다 그림 조각이라면 우리는 그 조각을 맞추어 가면서 자신의 인생이 틀림없이 바다일 것이라고 생각한다. 그러나 바다가 다 맞추어지고, 하나님의 인도하심을 따라 인생의 새로운 국면으로 들어가면서 모래사장이라는 그림이 펼쳐진다. 이때 우리는 하나님이 우리의 삶을 바다로 그린 뒤, 이제 모래사장으로 그리신다는 것을 깨닫게 된다. 그러나 우리는 여전히 그 종국(終局)이 어떻게 될지 모른다. 이처럼 소명은, 지금 자신이 맞추어 가는 그림의 조각들이 무엇을 의미하는지 발견했다고 해서 그것으로 확정되지 않는다. 우리의 남은 생에는 여전히 하나님이 채워 가실 그림의 나머지 부분이 존재한다. 우리는 20대에 주어진 그림을 그리고 나서, 30대에 주어진 그림을 그리고, 그 후 40대에 주어진 그림을 그리면서 살아가게 된다. 이 그림은 일평생 계속해서 채워 가야 할 그림 조각들이다. 이것을 깨달을 때, 젊은이들의 전유물처럼 느껴졌던 소명은 인생 전 영역으로 확대된다.

이때 한 가지 유의할 점이 있다. 모자이크 조각은 하나하나가 성실하게 채워져야 한다는 것이다. 바다에 사는 상어에게 한 가지 재미있는 점은 계속해서 헤엄치지 않으면 가라앉는다는 것이다. 아니 '바다의 맹수'라고 불리는 상어가 가만히 있으면 가라앉는다니 어찌된 일인가? 안타깝게도 상어에게는 부레가 없다. 부레 대신 간이 있을 뿐이다.[21] 그래서 상어는 계속해서 헤엄치지 않으면 바다 밑으로 가라앉는다. 우리의 인생이 상어와 비슷하다. 현재의 물결을 가르며 계속해서 헤엄치지 않으면 소명의 모자이크를 채워 가는 중에 가라앉고 만다. 그렇기 때문에 성실하게 헤엄쳐야 한다. 인생에서 모자이크를 채워 나가다 그치면 곧바로 그 결과를 감지하지 못한다 할지라도, 언젠가 그때의 불성실함으로 인해 인생의 중요한 시기에 여기저기 구멍이 난 모자이크 작품을 맞이하게 된다.

현재의 성실함은 다음 단계의 모자이크를 채우는 발판이 된다. 우리가 20대에 삶의 기초를 열심히 다지면, 30대에 새로운 그림 조각들이 나타난다. 그리고 그 그림을 바탕으로 40대에 더욱 아름다운 그림 조각들을 맞추어 갈 수 있다. 이처럼 현재는 미래의 소명을 이루기 위한 발판이다.

---

21) 《상어》, 41-42쪽 참조.

그러나 우리가 현재 갖고 있는 모자이크 조각이 무엇인지 잘 모르겠다고 주어진 밑그림에 제대로 색칠도 하지 않고 대충 끼워 넣든지, 아니면 이 조각이 별로 필요 없을 것 같다고 방치해 버린다면 어떻게 되겠는가? 그 당시에는 대수롭지 않게 여겼던 이런 행동이, 후에 모자이크 그림 전체의 작품 가치를 떨어뜨린다.

인생의 단계에서 채워야 할 모자이크 조각

우리의 인생에 어떤 모자이크 조각들을 채워야 할까? 로버트 클린턴의 〈리더십 발달 이론〉을 기초로 해 연령대 별로 분류하면 대략 다음과 같다.

먼저 20대 이전까지는 소명을 인지하고, 그 소명을 감당하는 데 필요한 기초를 닦는 시기다. 이때는 하나님이 한 사람의 인생을 본격적으로 들어 사용하기 전에 정지(整枝) 작업을 하는 시기다. 이 시간에 그가 경험하고 배우고 준비한 것들은 소명을 인지하는 일종의 영적 감각기관을 형성한다.

20대는 자신 안에 주시는 하나님의 소리가 무엇인지 분별하는 시기다. 이 소리를 듣기 위해 젊을 때는 기도원에 가서 기도만 하고 있을 것이 아니라 다양한 배움과 삶의 현장을 경험할 필요가 있다. 왜냐하면 하나님의 음성을 듣는 곳, 소명을 분별하는 곳이 바로 현장이기 때문이다. 여기서 배움이란, 학교에서의 배움만을 의미하지 않는다. 다양한 사람을 만남으로써 배우는 것과 시행착오를 통해 배우는 경험적인 것을 포함한다. 이러한 과정을 통해 자신 안에 들리는 하나님의 음성을 분별해야 한다.

30대는 자신 안에 주어진 소리를 좇아 삶의 현장에 소명의 뿌리를 내려야 하는 시기다. 20대는 자신이 뿌리내릴 부르심의 현장을 찾는 시기라면, 30대는 찾은 현장에서 이제 그 소명을 이루기 위해 준비하고 배우며 조금씩 영향력을 키우는 시기다. 만약 20대에 부지런히 소명의 현장을 찾지 못했다면, 30대에 와서도 여전히 20대처럼 방황할 수밖에 없다. 이것 조금 하다가 안 되면 다른 것을 해 보고, 여러 가지 일을 시도해 보지만 여전히 자신의 일에 확신을 갖지 못하는 것이다. 그러나 30대에 부지런히 뿌리를 내리면 소명을 감당할 역량이 자라날 수 있다.

40대는 30대에 부지런히 준비하고 뿌리내린 삶의 현장에서 본격적으로 하나님의 뜻을 실천하며 활동하는 시기다. 40대의 활동 역량은 30대에 뿌리내린 것에 기초한다. 만약 30대를 의미 없이 보냈다면, 40대는 무력해질 수밖에 없다. 요즈음 '하프타임'(halftime)[22]이라고 해서 인생의 전환기를 40대에 시도하는 이들이 늘어나고 있다. 그런데 인생의 전환에도 30대의 뿌리가 중요하다. 30대의 시간이 탄탄한 기반이 되면 하프

---

22) '하프타임'(halftime)이란 전·후반을 치르는 운동 경기에서 중간 휴식시간을 말하며 후반전 경기를 위해 작전을 구상하는 시간을 뜻하기도 한다. 밥 버포드는 이 개념을 삶에 가져와, 열심히 살아온 인생을 잠시 멈추고 휴식 시간을 가지면서 재평가해 남은 후반기의 삶을 어떻게 의미 있게 살지 생각하는 '전환점'(turning point)의 의미로 사용했다. 자세한 사항은 김성웅 역, 《하프타임》(서울: 낮은울타리, 2000)을 참조하라.

타임 이후의 새로운 제2의 인생 전환도 무난하게 이룰 수 있지만, 그 기반이 약하면 하프타임 이후는 어려움이 가득한 시간이 되기 쉽다.

50대는 40대를 기반으로 가장 강력한 영향력을 갖고 활동하는 시기다. 또 이때는 하나님이 주신 소명을 점점 또렷하고 선명하게 깨달을 수 있는 시기이기도 하다. 그래서 이를 기반으로 영향력의 범위를 넓힐 수 있고, 그 자신의 소명 감당을 통해 하나님 나라가 확장된다.

60대 이후는 소명을 감당하는 사역을 마무리하는 시기다. 이때쯤이면 한 사람의 소명자로서 하나님 앞에서 자신의 사역을 점검해 나름대로의 사역 철학을 정리할 수 있는 역량이 생긴다. 이 시기를 아름답게 마무리하는 사람은 사역에서 은퇴한 후에도 커다란 영향력을 계속해서 발휘할 수 있다. 이를 클린턴은 '후광'(afterglow)이라고 표현한다.[23] 왜냐하면 은퇴 이후에 특별히 소명을 위한 사역을 감당하지 않더라도 그의 영향력이 계속해서 퍼져나가기 때문이다.

하나님을 신뢰하라

인생의 모자이크 조각을 채워 나가기 위해, 우리가 지녀야 할 중요한 것이 있다. 그것은 바로 하나님을 신뢰하는 것이다. 하나님이 우리 인생

---

23) 클린턴 박사의 논문 〈Leadership Development Theory〉, 303쪽을 참조하라.

의 모든 부분을 스케치하고 인도하시기에, 우리는 그분의 임재 안에서 가장 아름다운 모자이크 작품을 만들어 갈 수 있다. 더구나 하나님은 사랑이시다. 그 아들 예수 그리스도를 보내 줄 정도로 우리를 깊이 사랑하시기에, 우리는 그분의 인도를 전적으로 신뢰할 수 있다. 그러므로 우리는 앞이 제대로 보이지 않더라도, 지금 이곳에서 자신을 부르시는 그분을 신뢰하며 담대하게 나아가야 한다. 그러나 우리는 당장 눈에 보이는 것이 아니면 불안해하고 신뢰하지 못한다. 우리는 인내심이 참 부족하다. 미국 메이저리그 뉴욕 양키즈의 야구 선수 포사다의 이야기는 우리에게 하나님을 신뢰함이 무엇인지에 관해 많은 것을 생각하게 한다.

포사다의 아버지는 미국 프로야구단 콜로라도 로키스의 스카우트 담당자였다. 또한 그는 쿠바 올림픽 팀 대표 선수로 활약한 적이 있는 뛰어난 운동 감각의 소유자였다. 그는 노련한 경험을 바탕으로 야구계의 생리(生理)를 잘 알고 있었다.

포사다가 무명 시절, 어느 날 아침 아버지가 포사다를 불러 세우고는 물었다.

"얘야, 메이저리그 선수로 성공하고 싶니?"

"아버지, 그걸 말이라고 하세요? 야구 선수라면 누구나 메이저리그를 꿈꾸죠. 위대한 선수가 되고 싶다는 열망! 두말하면 잔소리죠."

그러자 아버지는 말했다.

"그렇다면 오늘부터 팀에서 포수를 맡도록 해라."

“포수요? 저는 줄곧 2루수였는데요.”

“과거의 포지션은 중요치 않다. 메이저리그에 가고 싶다면 오늘부터 포수 마스크를 쓰거라.”

“안 돼요! 저는 단 한 번도 포수를 하겠다는 생각은 해 본 적이 없는걸요. 무엇보다 포수로서 성장할 만한 자질이 없어요.”

“……메이저리그 야구 선수가 되려면, 너는 꼭 포수를 맡아야 한다. 내 말을 믿어다오.”

포사다는 내심 매우 불만스러웠지만, 너무도 단호하고 간곡한 아버지의 부탁에 어쩔 수 없이 감독에게 포수를 맡고 싶다는 뜻을 전했다. 하지만 당시 포사다가 활약하고 있던 팀에는 유능한 포수가 있었다. 감독은 완강하게 고개를 저었다.

“2루수를 계속 맡든가, 팀을 떠나든가, 둘 중 하나를 선택하게.”

망연자실한 포사다는 터벅터벅 걸어서 집으로 돌아와 하소연했다.

“아버지, 팀에서 쫓겨날 위기에 처했어요. 감독님이 포수는 더 이상 필요 없대요.”

“너무 실망하지 마라, 아들아. 다른 팀을 찾아보자구나.”

포사다의 아버지는 이리저리 수소문한 끝에 어떤 팀에서 백업 포수를 구한다는 사실을 알아냈고, 마침내 포사다는 그 팀의 후보 포수로 들어갈 수 있었다.

그곳에서 그는 열심히 연습했다. 그러다 어느 날 주전 포수가 무릎에 부상을 당했고, 포사다는 출전 기회를 얻었다. 그리고 그는 그 경기에서 승리를 이끄는 데 중요한 역할을 하였다. 시간이 흐를수록 포사다는 포수로서 점차 인정을 받았다. 그러던 어느 날, 아버지는 다시 아들에게 물었다.

"얘야, 아직도 메이저리그에서 뛰고 싶니?"

"당연하죠."

아버지는 빙긋 웃으며 그에게 충고했다.

"그렇다면 내일부터 왼손으로 타격하는 연습을 해라."

포사다는 어안이 벙벙했다. 그는 오른손잡이였기 때문이다.

"아버지, 지금 뭔가 착각하시는 거 아니에요? 저는 오른손잡이예요."

"알고 있다. 그렇지만 메이저리그에서 성공하려면 양손을 번갈아 가며 타격할 수 있는 타자가 되어야 한다."

포사다는 아버지와 입씨름 끝에 결국 아버지의 뜻에 따르기로 했다. 그는 피나는 노력을 기울였다. 그러나 성적은 형편없었다. 감독의 양해하에 연습 경기에서 왼쪽 타석에 들어선 포사다는 16차례나 연속 삼진 아웃을 당한 후에야 겨우 빗맞은 안타 하나를 때려 낼 수 있었다.

그러나 그는 피나는 노력을 계속했고 점차 안타를 치는 횟수가 늘어났다. 포사다는 어느덧 팀에 꼭 필요한 포수로, 투수에 따라 오른쪽 왼쪽을 자유롭게 오가는 뛰어난 타자로 성장했다. 그리고 그는 마침내 주목받는 신인으로 뉴욕 양키즈 구단의 유니폼을 입게 되었다.

1998년, 한 해 동안 그는 19개의 홈런을 기록했다. 그중 17개가 왼손으로 친 것이었다. 2000년에는 한 경기에서 한 번은 왼손으로, 또 한 번은 오른손으로 홈런을 치는 이색적인 기록도 세웠다. 2003년에는 한 시즌 홈런 30개를 기록하며 양키즈 팀 역사상 포수로서 한 시즌에 가장 많은 홈런을 친 선수가 되었다.[24]

포사다의 아버지처럼 하나님은 지금 우리가 가야 할 가장 좋은 길이 무엇인지 알고 계신다. 우리는 그런 아버지의 인도와 부르심을 종종 이해하지 못하고 이의를 제기하며 따라가기를 주저한다. 만약 아버지의 인도를 거부하면 우리 인생의 모자이크에는 커다란 구멍이 생길 것이다.

하나님의 생각은 우리의 생각과 다르다. 하나님은 우리 인생 전체를 보며 섬세하게 인도하고 계신다. 지금 우리 자신에게 주어진 그림 조각이 무엇인가? 이 조각이 무엇인지 제대로 이해되지 않을 수 있다. 이때 이 그림 조각을 내버리고 싶은 유혹과 우리를 충동질하는 악한 세력을 조심하라! 이들은 조급함을 충동질해 거짓말로 우리 자신을 속이려 한다. 우리는 끝까지 하나님을 신뢰하며 인내해야 한다. 그렇게 모자이크 조각을 성실히 채워 갈 때, 하나님이 우리를 향해 계획하신 그림이 하나하나 드러나게 된다. 20대, 30대, 40대, 50대, 60대, 70대, 80대, 90대, 우리의 인생은 계속해서 하나님이 예비하신 아름다운 모자이크를 세상

---

24) 엘렌 싱어·호아킴 데 포사다 저, 김경환·정지영 역, 《마시멜로 이야기》(서울: 한국경제신문, 2005), 83-88쪽.

에 드러내는 작품이다. 작품이란 세상에서 단 하나밖에 존재하지 않는 고유한(unique) 것이다. 우리의 인생도 이 세상에서 유일하고 독특한 모자이크 예술 작품이다. 자신의 인생이 때로 좁은 길처럼 느껴질지라도 하나님의 뜻에 따른다면 분명 아름답게 완성될 것이다.

토의 질문

1. '현재'를 소명의 출발점으로 삼는 데 어려움을 겪고 있다면 그것은 무엇 때문인가? 혹 과거나 미래가 걸림돌로 작용하지는 않는가?

2. 내가 지금 가는 길이 소명과는 상관없는 길이라고 생각하고 의욕을 잃은 경험이 있는가? 그런 경험이 현재 내 삶 가운데 긍정적인 영향을 끼친 적이 있다면 서로 이야기를 나누어 보자.

3. 다양한 음성 분별의 기준을 나의 상황에 적용해 보자. 지금 내가 분별하는 하나님의 부르심이 있다면 그것은 무엇인가? 그리고 부르심을 추구하기 위해 나는 무엇을 해야 할지 생각해 보자.

4. 소명을 추구하는 데 중·단기적인 비전과 목표는 필요한가? 필요하다면, 그 이유는 무엇인지 자신의 삶의 경험을 예로 들어 함께 나누어 보자.

5. 비전과 소명의 문제가 젊을 때의 고민이 아니라, 우리의 일생 전체로 확장되어야 하는 이유는 무엇인가?

6. 포사다의 이야기를 참고해, 각자의 일생에서 소명을 추구해 가는 자세와 태도에 대해 이야기를 나누어 보자.

얼마 전, 한 성도에게서 받은 편지 내용의 일부다.

목사님 건강하게 잘 지내시죠?

지난번 목사님에게서 비전에 관한 강의를 듣고 난 후, 저에게는
정말 많은 변화가 있었습니다. 3년 전쯤으로 기억하는데, 실내 인
테리어에 대해 배우고 싶다는 생각을 심각하게 한 적이 있었습니
다. 그때는 막내가 너무 어리기도 하고 여러 가지 상황이 여의치
않아 도전해 볼 용기를 얻지 못했습니다. 그런데 목사님의 비전
강의를 듣고 다시 떠올리게 되었습니다.

저는 수학 교육을 전공했는데, 사실 아버지의 권유로 그 과에 들
어간 것이지 정말 수학을 좋아해서는 아니었습니다. 저는 실내 인
테리어에 관한 것이라면 무엇이든지 관심이 가고, 밤새워 가구를

옮기고 집 안을 뒤집어 엎어도 전혀 피곤하거나 힘들다는 생각이 들지 않습니다. 저희 집뿐만 아니라 교회 후배들의 집을 방문해서도 조금씩 바꾸어 주었는데 반응이 좋았습니다. 그러면서 저는 조금씩 마음에 소원을 품게 되었습니다.

제 이야기가 너무 길어지는 것 같은데요, 하여튼 저는 이번 3월에 전문대 실내건축과에 입학했습니다. 하루 7-8시간 수업을 받는데 얼마나 재미있고 신나는지, 20대 초반 학생들과 공부하면서도 제 생각으로는 스스로가 그들의 열정에 조금도 뒤지지 않는다고 여겨집니다. 다섯 시간을 꼼짝없이 앉아 작업을 해도 피곤한 줄 모르고 열심히 하고 있습니다. 제가 이 나이에 다시 전문대를 다닌다는 것이, 어떨 때는 조금 우습기도 하지만 더 늦기 전에 꼭 한 번 배워 보고 싶었던 부분이라 누구보다 최선을 다하고 있습니다. 매 강의 시간마다 기도하면서 수업을 듣습니다. ……앞으로 이 공부를 해서 제가 어떻게 쓰임 받게 될지 모르겠습니다만, 지금 주어진 부분을 열심히 하다 보면 하나님이 길을 보여 주고 가장 선하게 인도해 주시리라 확신합니다.

목사님! 제 나이가 마흔 살인데, 그 어느 때보다 지금 신나고 행복한 시간을 보내고 있습니다. 젊은 친구들과 공부하느라 헤어스타일과 의상에 신경을 쓰다 보니, 사람들이 많이 젊어 보인다고 합니다. ……이제 저는 하나님의 비전을 더 구체적으로 보기 위해 한 발짝 떼었다고 생각합니다. 20여 년 동안 하나님이 제게 주신 비전이 무엇일지 고민만 해 왔습니다. 또 그 비전을 본다면 행동을 취하리라고 생각하며 시간만 보내고 있었습니다. 그런데 손발을 움직이고 눈을 들어 찾는 것이 얼마나 중요한지 날마다 더 깊이 깨달아 가고 있습니다. 발을 떼면서 지경(地境)이 엄청나 게 넓어졌습니다.

이 편지를 보낸 성도는 앞서 책 서두에서 비전에 관한 고민을 털어놓은 분이다. 이후 이분은 새로운 부르심을 찾기 위해, 그동안 억눌러 온 내면의 소리를 분별하고 새롭게 도전했다. 그리고 지금 그러한 도전에 대해 행복해하고 있다. 이분은 당장 인생 전체를 향한 큰 그림은 볼 수 없을지라도, 일단 자신에게 들리는 음성을 향해 용기 있게 발걸음을 내디뎠다. 모자이크 한 조각을 아름답게 채색하기 위한 발걸음을 내디딘 것이다. 축하와 격려의 박수를 보낸다.

소명을 추구하는 데 중요한 것이 하나 있다. 그것은 바로 실행력이다. 이는 우리에게 다가오는 음성 앞에 기꺼이 몸을 던져 따라갈 수 있는 역량을 말한다. 내면에 들려오는 음성을 분별한다 해도, 그것을 막상 행동으로 옮기는 것은 쉽지 않다. 당장 보장되는 확실한 것이 없고, 더구나 음성을 따르는 삶은 종종 모험을 동반하는 불확실성으로 가득 찬 삶이기 때문이다. 세상은 보장된 길을 칭송한다. 그러나 하나님은 세상이 뭐라 하든 그분을 신뢰하는 길을 제시하신다. 여기에 우리를 향한 하나님의 부르심이 있다.

마태복음 25장에 보면, 달란트 비유가 나온다. 어떤 주인이 다른 나라로 여행을 가게 되었다. 그는 떠나기 전에 종들을 부른다. 그리고 각자의 재능대로 달란트를 맡긴다. 첫 번째 종에게는 다섯 달란트, 그 다음 종에게는 두 달란트, 그리고 남은 한 명에게는 한 달란트를 맡긴다. 오랜 시간이 흐른 후, 주인은 집으로 돌아와 결산한다. 이때 다섯 달란트를 받은 종과 두 달란트를 받은 종은 열심히 일하여 더 많은 달란트를 남겨 칭찬을 받는다.

그러나 한 달란트 받은 종은, 땅에 묻어 두었던 달란트를 그대로 다시 가져온다. '그대로' 가져왔다는 것은 나름대로 그 돈이 무사하게 보존되도록 노력했음을 암시한다. 아마도 종은 도둑이 훔쳐 가는 것을 막기 위해 불철주야로 경계를 섰을 수도 있다. 아니면 열심히 금고를 제작하여 그곳에 두었을 수도 있다. 아무튼 나름대로 이 돈을 열심히 지키지 않았다면 그것을 '그대로' 가져오기란 쉽지 않았을 것이다. 그러나 주인은 종을 향해 분노하며 말한다.

"악하고 게으른 종아!"

소명의 관점에서 이 이야기를 보면 흥미로운 점이 있다. 처음 두 종은 자신의 부르심을 발견하고 최선을 다한 사람들이다. 그러나 한 달란트 받은 종은 두려움과 불안감으로 내면의 음성을 애써 억누르고 묻어 두었다. 모험보다 안정적인 삶을 지향했던 것이다. 그리고 안정적인 삶을 추구했던 그에게 주인은 게으르다고 꾸짖는다.

게으름이란 무엇인가? 게으름은 '삶의 에너지가 저하되거나 흩어진 상태'를 말한다.[1] 《굿바이 게으름》을 쓴 정신과 의사 문요한에 따르면, 게으름에는 크게 두 종류가 있다. 그것은 바로 작은 게으름과 큰 게으름이다. 바쁘다고 작은 게으름을 부리는 것이 아니고, 시간이 여유있다고 큰 게으름을 부리는 것이 아니다. 이는 삶의 에너지 방향이 어디로 향하는지에 좌우된다. 삶의 주변 영역과 중심 영역 모두에서 에너지가 집중되면 좋겠지만, 사람이 그럴 수는 없다. 우리 삶의 에너지는 끊임없이 흩어지려 한다. 따라서 삶의 에너지가 흩어지지 않기 위해서는 에너지를 모으고 집중하기 위한 방향성이 필요하다. 작은 게으름은 에너지가 삶의 주변 영역에서 흩어지는 것이고, 큰 게으름은 에너지가 삶의 중심 영역에서 흩어지는 것이다. 결국 모든 일을 열심히 하는 것이 아니라 중요한 일을 열심히 하는 것이 요긴하다. 만약 우선순위가 뒤바뀌어 중요한 일은 애써 억누르며 회피하고, 중요하지 않은 일로 바쁘다면 이것은 위장된 게으름(disguised laziness)[2]에 다름 아니다. 달란트 비유에서 한 달란트를 받은 종은 주인이 준 소명을 분별하여 실행하기를 회피하고, 안정적인 삶을 위해 분주한 삶을 보냈다. 즉, 위장된 게으름을 부렸던 것이다.

소명을 위한 실행력은, 우선순위가 실린 실행력이다. 우리 자신의 주변을 바쁘게 하는 소리보다 자신의 중심을 흔드는 음성을 붙들고, 그 음성을 위해 기꺼이 행동해야 한다. 오늘날 어떤 이들은 내면의 소리를 애

---

1) 문요한 저, 《굿바이, 게으름》(서울: 더난출판, 2007), 26쪽.
2) 위의 책, 26쪽.

써 부정하고 게으름을 위장하며 바쁘게 살아가고 있다. 정말 중요한 것이 아닌 주변적인 것을 위해 행동하고 있다. 우리는 정직하게 내면을 살펴보아야 한다. 우리 자신이 혹 게으른 종은 아닌가? 바쁘게 사는 것이 항방 없이 바쁜 우리 자신의 삶을 합리화시켜 주지 않는다. 그것은 위장된 게으름일 뿐이다. 그러므로 우리의 실행에는 정말 중요한 것을 붙잡는 우선순위와 방향에 대한 분별이 필요하다.

혹 아직 자신에게 들려오는 소명의 모자이크가 무엇인지 잘 몰라 열심히 찾고 있는 이들도 있을 것이다. 아직 답답하고 먼 미래가 분명히 보이지 않는다 하더라도 발걸음을 멈추지 마라. 그리고 하나님의 인도를 신뢰하며 담대하게 나아가도록 하라. 선하신 하나님이 놀라운 방법으로 인도할 것이다. 그리고 계속 전진하는 발걸음 가운데 조만간 자신의 소명을 발견하여 아름다운 모자이크 작품을 하나하나 완성해 나갈 수 있을 것이다.

언젠가는 주님이 우리의 인생을 결산할 날이 온다. 이때 우리 인생이 천국에서 형형색색 빛나는 아름다운 모자이크 작품이 되도록 준비하자. 우리 주님 마음 시원하고 기쁘시도록!!

지금 우리 자신에게 주어진 그림 조각은 무엇일까?

내 인생의 비전 노트

양형주

미국 캘리포니아 주 얼바인(Irvine)에 소재한 캘리포니아 주립대학교(UCI)에서 철학 (B.A.)을 전공했고 이후 장로회신학대학교 신학대학원(M. Div.)과 동 대학원(Th.M. 신 약학 전공)을 졸업했다. 신학대학원 재학 시절 명성교회 교육전도사로 섬기면서 초등 부, 중등부, 대학부와 6부(청년 예배) 찬양팀 사역을 했으며, 명성교회에서 처음으로 어린이 메빅(MEBIG) 사역을 시작해 교회학교 사역에 신선한 바람을 불어넣었다. 이 후 천안중앙교회와 동안교회에서 청년사역을 담당하며 청년사역자의 길을 걸었다. 현재는 장로회신학대학교에서 신약학(Th.D.)을 공부 중에 있으며 한국성서학연구소 연구원, Young2080(청년목회자연합) 중앙 임원 및 성경공부 개발팀장으로 활동하는 가운데 틈틈이 글을 기고하고 있고, 배재대학교에서 젊은이들의 고민을 기독교적 관 점에서 명쾌한 강의로 풀어 복음을 재미있게 소개하는 일을 하고 있다. 저서로는 《키워드로 풀어가는 청년사역》, 《청년 리더 사역 핵심파일》(이상 홍성사)이 있다.